Franziska von Au

südwest

# Der kulinarische Knigge

## Gute Umgangsformen bei Tisch

Der Text dieses Buches entspricht den Regeln der neuen deutschen Rechtschreibung.

Sie finden uns auch im Internet unter www.randomhouse.de/suedwest

ISBN 978-3-517-08347-6



Realisation: Medienagentur Drews, Augsburg
Lektorat: Alexandra Steiner, München
Layout: Atelier Versen, Bad Aibling
Satz und Illustrationen: Bert K. Roerer, Augsburg
Umschlaggestaltung und -konzeption: R.M.E. Eschlbeck/Kreuzer/Botzenhardt
Projektleitung: Dr. Iris Hahner
Herstellung: Reinhard Soll



Druck und Bindung: Těšínská tiskarna, Česky Těšín

Printed in the Czech Republic

817 2635 4453 6271

# Inhalt

„Ob der Philipp heute still wohl bei Tische sitzen will?“ Also sprach in ernstem Ton der Papa zu seinem Sohn, und die Mutter blickte stumm auf dem ganzen Tisch

# Einführung

herum. Doch der Philipp hörte nicht, was zu ihm der Vater spricht. Er gaukelt und schaukelt, er trappelt und zappelt auf dem Stuhle hin und her.
„Philipp, das missfällt mir sehr!“
(aus „Der Struwwelpeter“ von Heinrich Hoffmann)

Vor mehr als hundert Jahren hat Heinrich Hoffmann seinen „Zappelphilipp“ geschrieben, und er wollte damit auf unterhaltsam-belehrende Weise die richtigen Tischmanieren aufzeigen. Seine Ideen sind nicht verloren gegangen oder gar „unmodern“ geworden – ganz im Gegenteil: Mehr denn je ist vor allem das „gute Benehmen bei Tisch“ ein wichtiges Kriterium, das darüber entscheidet, ob jemand „ankommt“ oder nicht. Das gilt übrigens nicht nur im beruflichen Leben, sondern auch privat.

## Schon seit biblischer Zeit gibt es Tischmanieren

Aus dem Jahr 175 vor unserer Zeitrechnung findet man bereits genaue Hinweise für das richtige Benehmen beim Essen: Der gläubige Jude Jesus ben Eleazar ben Sira hat sie in einer ganzen Reihe von Ratschlägen fürs alltägliche und religiöse Leben niedergeschrieben. Sein „Weisheitsbuch" war bei Rabbinern hoch anerkannt, es wird im Talmud zitiert und gehört bei den katholischen und orthodoxen Gläubigen sogar zur Septuaginta und damit zur Bibel. Schon damals galt als wichtigste Höflichkeit: „Wer bei Tisch anständig ist, wird gelobt, sein guter Ruf steht fest. Wer sich bei Tisch schlecht benimmt, wird öffentlich beschimpft, sein schlechter Ruf steht fest." Auch andere Regeln aus dem Buch Sirach kommen Ihnen vielleicht bekannt vor:

„Elend wird vergessen, gibt's nur was zu essen." (aus „Don Quijote" von Miguel de Cervantes)

→ „Iss wie ein gesitteter Mann, was vor dir liegt, und sei nicht gierig, sonst verabscheut man dich."

→ „Hör als Erster auf, wie es der Anstand verlangt, und schlürfe nicht, sonst erregst du Anstoß."

→ „Beim Weingelage nörgle nicht am Nachbarn herum, verspotte ihn nicht, wenn er heiter ist. Sag zu ihm kein schmähendes Wort und streite mit ihm nicht vor den Leuten!"

→ „Wenn du das Gastmahl leitest, überheb' dich nicht, sei unter den Gästen wie einer von ihnen! Sorg' erst für sie, dann setz' dich selbst, trag' erst auf, was sie brauchen, dann lass' dich nieder, damit du dich über sie freuen kannst und für dein gutes Benehmen Beifall findest."

**Sie sehen also:** Im Grunde hat sich nicht allzu viel geändert seit den alten Tagen. Verfeinerungen und unterschiedlichste Vorschriften kamen erst im Laufe der Zeit hinzu, als man lernte – und dies zunächst bei den Begüterten, bei Adel und Klerus –, die Qualität der Nahrungsmittel zu schätzen und vor allem eine gewisse Raffinesse in der Zubereitung zu kultivieren. Das gab es zwar schon in der Antike, bei Griechen und Römern, in Ägypten und Babylonien. Aber deren hohe Esskultur war im dunklen Mittelalter in Vergessenheit geraten. Und selbst in den alten, vorchristlichen Zeiten gab es so etwas nur bei den oberen Ständen – niemals in der „normalen" Bevölkerung. Das hat sich erst heute geändert, und auch das nur in den reichen Regionen unserer Erde.

## Kreuzritter brachten die feinen Manieren nach Europa

Bis zum Mittelalter kannte man im Heiligen Römischen Reich Deutscher Nation keine Tischsitten – nicht einmal annähernd! Beim Essen ging es eher grob zu; wichtig war, überhaupt etwas aus der gemeinsamen Schüssel zu ergattern. Normal war außerdem, dass es tagaus, tagein dasselbe zu essen gab. Und das störte niemanden. Der Kult um unterschiedlichste Speisen und Delikatessen sowie deren Zubereitung war bei der Bevölkerung eher unwichtig: Oberstes Ziel war nämlich, den täglichen Hunger zu stillen, zu überleben und sich seine Arbeitskraft zu erhalten. Täglich Fleisch – das gab es wenn überhaupt nur beim Adel, und selbst da nicht immer. Alle anderen mussten sich mit täglichem Brei oder Eintopf zufrieden geben, dazu vielleicht ein Kanten altbackenes Brot (denn gebacken wurde nicht täglich oder wöchentlich, sondern vielerorts monatlich oder noch seltener). Beim Essen wurde geschlungen, gespuckt, geschnäuzt, gekratzt und mit dem Messer in den Zähnen gestochert. Bis weit in die „moderne" Zeit hinein aß man mit der Hand, für größere Brocken Fleisch oder Fisch trug man stets ein Messer am Gürtel. Teller und Geschirr? Kannte man nicht. Man bekam sein Mahl auf dicken, harten Brotscheiben serviert. Und die wurden anschließend verzehrt oder für die Armen beiseite gelegt.

Auch bei Griechen und Römern hatte man kein Besteck, sondern griff mit den Fingern nach dem Essen. Wenn diese dabei fettig wurden, wischte man sie an Brotfladen ab – das war und ist eine Sitte, die auf sparsame Weise die Nahrung würdigt: Denn auch das angefettete Brot wurde verzehrt (und nicht weggeworfen, wie wir es heute mit der Papierserviette machen). Im alten Rom saß man nicht bei Tisch, sondern lag beim Essen. Und es gab durchaus damals schon Klagen über jene Leute, die sich nicht ans gute Benehmen hielten. Schrieb doch Plutarch in seinem „Gastmahl der sieben Weisen": „Ein lästiger und ungezogener Tischgenosse zerstört alle Lust."

Erst die Rückkehrer von den Kreuzzügen brachten mehr Zucht

an den Tisch: War es doch bei den „Heiden“ durchaus üblich, nicht alles einfach in sich hineinzustopfen, sondern manierlich zu speisen. Das gefiel den christlichen Rittern. In arabischen Ländern und auch in China war es damals schon selbstverständlich, sich bei Tisch zu benehmen. Und Essen auf appetitliche Art zu sich zu nehmen. Wobei es da natürlich Unterschiede in der Art und Weise der Appetitlichkeit gab und gibt: Rülpsen gehört heute noch in Asien zum guten Ton, während es bei uns verpönt ist. Das war jedoch nicht immer so, wie das weithin bekannte Zitat von Martin Luther zeigt: „Warum rülpset und forzet Ihr nicht? Hat es Euch nicht geschmecket?“

## Seit dem Mittelalter gibt es „Etikette an der Tafel“

Vor allem bei Hofe – und dazu zählte das kleinste Fürstentum und die winzigste Grafschaft – ging man nach und nach dazu über, gutes Benehmen bei Tisch zu schätzen. Etwa seit dem 11. Jahrhundert saßen Frauen mit an der höfischen Tafel, und das führte dazu, dass bald vornehmere Sitten herrschten. Zum Beispiel wusch man sich nun vor dem Essen die Hände und entriss dem Nachbarn nicht mehr kurzerhand das beste Stück Braten. Galanterie kam auch beim Essen in Mode. Aus dem ausgehenden Mittelalter, nämlich aus dem Jahre 1529, ist ein Büchlein überliefert, in dem der Nürnberger Rektor Sebald Heyden (1499-1561) seinen Schülern erläutert, wie sie sich zu benehmen haben. Aus seinen „Formula puerilium colloquiorum“ („Formel kindlicher Unterhaltungen“) wurde überliefert:

„... setz dich fein züchtig nieder.
Die Speis greif nicht mit den Fingern an!
Nicht fass sie in die Faust!
Nicht sei der erste mit essen!
Trink auch nicht als erster!
Nicht stütz dich auf die Ellenbogen!
Sitz aufrecht!
Und spreiz die Arme nicht aus!
Nicht trink begehrlich!
Auch kau nicht geizig!
Nimm das dir nächste!
Säum dich nicht auf dem Teller!
Guck andere Leut' nicht an!
Wisch den Mund, wenn du trinken willst!
Nicht mit der Hand, sondern mit dem Tuch!
Das Gebissene tunk nicht wieder ein!
Nicht leck an den Fingern!

Nag auch kein Bein!
Ein jedes mit dem Messer schneid!
Beschmier den Mund nicht!
Die Finger trockne oft!
Nicht bohr in der Nasen!
Schweig, weil man dich nicht fragt!
Iss soviel du magst!
Wenn du genug hast, so steh auf!
Wasche die Händ' wieder!
Heb das Tischgerät auf!
Sag Gott, dem Herrn, Dank!"

## Die Rossauer Tischzucht

Der italienische Geistliche Thomasin von Zerklære (ca. 1185-1235) schrieb im Hochmittelalter, im Winter 1215/1216, das erste umfangreiche Lehrgedicht in deutscher Sprache. Es enthält 14.700 Verse und in 5.000 davon wandte er sich an „vrume rîter, guote vrouwen und wîse phaffen" („fromme Ritter, gute Frauen und weise Pfaffen"), um speziell der höfischen Jugend Regeln zu Anstand und Verhalten nahe zu bringen. Ein paar Regeln möchte ich Ihnen nicht vorenthalten:

→ „Merket: Wenn ihr zu Tische geht, dann lasst die Hände nicht ungewaschen. Schneidet die Nägel von den Fingern, wenn sie lang sind, dass sie euch nicht Schande bringen."

→ „Wollt ihr nicht sitzen wie ein Narr, so lockert den Gürtel um den Bauch."

→ „Wollt ihr bei Hofe Brot schneiden, so sollt ihr folgendes vermeiden: Setzt es nicht an die Brust, nach Art schwacher Weiber, die ihre schwache Kraft dazu zwingt, das ist bei Hofe eine große Schmach."

→ „Niemand soll mit einem andern benutzen denselben Löffel beim Essen, das ist gutes Benehmen. Aus Schüsseln trinken ziemt sich nicht."

→ „Der hat durchaus kein ehrenhaftes Verhalten, der sich über die Schüssel lehnt und so unsauber schnaubt mit dem Munde wie ein Schwein, der soll bei anderem Viehzeug sein."

→ „Einige beißen vom Geschnittenen ab, und nach ziemlich bäurischer Art und Weise stoßen sie es wieder in die Schüssel. Diese Unsitte kennen die Höfischen nicht."

→ „Wer so schnauft wie ein Wasserdachs und schmatzt wie

ein Lachs wenn er isst, wie es mancher tut, wie der sich über gutes Benehmen hinwegsetzt!"

➔ „Wer rülpst, wenn er essen soll und sich in das Tischtuch schnäuzt, dem sei gesagt, beides gehört sich nicht ..."

➔ „Stützt euch nicht auf den Ellenbogen, sitzt aufrecht und nicht zusammengekauert."

➔ „Legt nicht die Finger auf die Messerklinge, wie oft ihr auch schneiden müsst, bevor ihr aus der Schüssel esst, diese Regel sollt ihr nicht vergessen."

➔ „Ich denke, dass es sich auch nicht gehört, dass man den Knochen benagt hat und ihn wieder in die Schüssel tut ..."

➔ „Wer Senf und gesalzene Brühe gern zu sich nimmt, soll die Unsitte lassen, die Finger hineinzustoßen. Man soll sich auch daran gewöhnen, dass niemand reiche das Salz mit bloßer Hand ..."

➔ „Lasst, meine lieben Gesellen, das Schnalzen mit der Zunge im Munde sein, das gehört sich nicht, wenn ihr vom Tische geht."

## Höfisches Benehmen war Vorbild

In der Renaissance wurden die „guten Sitten" noch wichtiger. Höflinge lernen aus Anstandsbüchern das richtige Benehmen. Der italienische Dichter Giovanni della Casa verfasste 1588 das Werk „Il Galateo ovvero de'costumi" („Der Galateo oder Von den Sitten"). So wie wir in Deutschland vom „Knigge" sprechen und damit gutes Benehmen meinen, bürgerte sich in Italien schon 200 Jahre früher die Bezeichnung „Galateo" als sprichwörtlich ein. Schon 60 Jahre länger, seit 1528, las man „Cortigiano" (zu deutsch: „Der Hofmann"). Darin stellte der ebenfalls aus Italien stammende Dichter Baldassare Castiglione das passende Verhalten bei Hofe dar. Auch Erasmus von Rotterdam hat sich, ebenfalls zu Beginn des 16. Jahrhunderts, in seinem Werk „De civilitate morum puerilium" mit diesem Thema beschäftigt. Adolph Freiherr von Knigge übernahm einiges aus diesen Werken. Viele dieser Benimmbücher enthielten aber – im Gegensatz zu dem Büchlein von Sebald Heyden – keine genauen „Vorschriften" über das rechte Benehmen an der Tafel. Es waren eher allgemeine Hinweise über den Umgang mit anderen. Teilweise kamen sie aus höfischem Zeremoniell; viele waren jedoch allgemeine Lebensweisheiten, die schon aus antiken Schriften stammten.

## Der lange Weg zum Sieg der Gabel

Die allererste Gabel war wohl eher ein Ast oder eine Art Bratspieß mit zwei Zinken, den man gebrauchte, um Fleischstücke über Feuer halten und drehen zu können. Bei den Griechen und Römern war sie als Küchengerät in Benutzung. Bei Tisch jedoch? Nichts da! Die alten Tischsitten waren lange nicht auszumerzen: Ob Mittelalter, Renaissance oder Barock – man aß mit Fingern und benutzte das Messer lediglich zum Portionieren. Flüssigere Speisen – wie deftige Suppen oder reichhaltige Eintöpfe – wurden mit Brot als unterstützendem „Besteck“ verspeist; allenfalls ein hölzerner Löffel bürgerte sich nach und nach ein. Die Gabel jedoch war verpönt, ja sogar verflucht, galt sie doch als Attribut des Teufels und seiner Hexen. Zwar gab es schon im Jahr 1023 eine erste Erwähnung dieses Essgeräts, und es gab wohl schon ein paar Hochwohlgeborene, die hin und wieder eine Gabel benutzten. Dennoch dauerte es noch Jahrhunderte, bis die Gabel sich als allgemein übliches Besteckteil etabliert hatte. Hofchronisten überlieferten, dass selbst am vornehmen und in ganz Europa Ton angebenden Hof des französischen Sonnenkönigs Ludwigs des XIV., also im 17. Jahrhundert, der Regent noch „mit den Pfoten ins Ragout“ griff.

Hauptwidersacher der Gabel war – die katholische Kirche. Auch wenn Martin Luther dieses Essgerät unpraktisch fand – er hatte wenigstens keine moralischen Bedenken. Die hatten jedoch die Kirchenväter: Aus christlicher Sicht mussten sie die Gabel verurteilen. In der Küche wurden Gabeln gerade noch geduldet, als notwendiges weil praktisches Übel. Aber bei Tisch oder gar im Mund hatten sie keine Chance. Die unverrückbare Ansicht der Kirche: Gott hat die Finger geschaffen und nicht dieses (Teufels-)Werkzeug, um all seine

Gaben zu berühren. Zuwiderhandlungen mussten demzufolge unweigerlich die Strafe Gottes nach sich ziehen. So glaubte man allen Ernstes, wie eine mittelalterliche Chronik aus Italien beweist, das eine adelige Dame, die an der höfischen Festtafel die Gabel benutzte, nur aus diesem Grund kurze Zeit später verstarb. Schon bei Tisch war sie getadelt worden, weil sie dieses „übertriebene Zeichen der Verfeinerung" gebrauchte. Ihr Tod war willkommener Anlass für so manche Predigt, in der Pfarrer gegen den Übermut wetterten, beim Essen nicht ausschließlich die Finger zu gebrauchen. Suppen schlürfte man übrigens oder tunkte sie mit Brot auf. Beilagen in unserer heutigen Form kannte man kaum – und selbst die waren mit Löffel, Messer und Brotkanten bestens zum Munde zu führen ...

In italienischen Tischregeln vom Anfang des 17. Jahrhunderts heißt es: „Unsere Mitglieder mögen von ihrem Tisch Gabeln und Löffel verbannen. Hat uns die Natur nicht fünf Finger an jeder Hand geschenkt? Warum wollen wir sie mit jenen dummen Instrumenten beleidigen, die eher dazu geschaffen sind, Heu aufzuladen als das Essen?" Gabelbenutzer waren also eine Minderheit. Männer, die bei Tisch mit der Gabel aßen, galten als affektiert, geziert und unmännlich. Doch dann wendete sich das Blatt – und die Gabel trat ihren Siegeszug in der europäischen Etikette an: Das „Gezierte" wurde in Adelskreisen zur Mode und der Gebrauch der Gabel zum Symbol der Vornehmheit.

Im ausgehenden 17. und vor allem im 18. Jahrhundert war das Essen mit der Gabel en vogue gekommen. Man zeigte bei Tisch, was man hatte, wie viel Luxus man sich leisten konnte. Und wer als vornehm gelten wollte – nicht nur beim Adel, sondern auch im Bürgerhaus –, nutzte Messer und Gabel. Anfangs allerdings in einer Art und Weise, die sich doch sehr von den heutigen Tischsitten unterscheidet: Wichtig war die möglichst prunkvolle Ausführung des Essgeräts: aus edlem Metall, mit Edelsteinen besetzt. Die Handhabung war eher ungewöhnlich: Man stocherte mit dem ungewohnten, aber noblen Gerät im Essen herum; als besonders vornehm galt es, eine zweizinkige Konfektgabel zu benutzen. Immer mehr gabelige „Gerätschaften" kamen hinzu: vergoldete Austerngabeln und Kuchengäbelchen, Obst- und Dessertgabel, die Fischgabel. Nicht alle sind heute noch üblich, nicht mit allen muss man zu hantieren

Kinder lernen Tischmanieren auch dadurch, dass es hin und wieder eine Mahlzeit ohne Regeln gibt. Selbst wenn Sie nachher alle in die Badewanne stecken müssen: So bekommen Kinder Spaß an gutem Benehmen, denn die „verkehrte Welt" zeigt ihnen, dass Regeln durchaus Vorteile haben.

wissen. Aber trotzdem gilt auch heute noch: Wer mit Messer und vor allem Gabel umgehen kann, zeigt Lebensart und Kultiviertheit. Gute Tischmanieren sind das Entree für privaten und beruflichen Erfolg. Heute genauso wie früher.

## Benehmen bei Tisch ist immer wichtig – privat und öffentlich

Ob allein oder mit Gästen: Tischmanieren sollten für jeden Menschen ein Muss sein. Allerdings ein selbstverständliches Muss, das Spaß macht und einem so sehr in Fleisch und Blut übergegangen ist, dass man gar nicht mehr darüber nachdenkt, dass man gar nicht mehr anders kann. Klar – hin und wieder, an einem „Gammelwochenende" oder TV-Fußballabend, sitzen Sie auch mal auf dem Sofa und essen die Wurststulle aus der Hand und trinken ein Bier aus der Flasche dazu. Aber das sollte stets eine Ausnahme sein – nicht die tagtägliche Regel. Und Sie sollten das vor allem, wenn Sie Kinder haben, diesen auch entsprechend vermitteln.

Wer zu Hause stets hingelümmelt vor dem Fernsehapparat sein Süppchen aus dem Kochtopf löffelt, und dies auch mit Partner und/oder Familie, zeigt ganz bestimmt keine Lebensart. Es sollte niemandem zu viel sein, seine Mahlzeiten in einer einigermaßen gepflegten Art und Weise einzunehmen. Zu viel Mühe, meinen Sie? Schließlich wird doch Tiefkühl- und Fertigkost für die Mikrowelle schon auf Plastiktellern eingeschweißt angeboten. Ist es nicht viel einfacher, die Pizza vom Lieferservice gleich aus dem Karton zu essen und das China-Food aus der Plastikbox? Mag ja sein. Andererseits sollte man sich ja auch bewusst ernähren, und dazu gehört eben, nicht stets „nebenbei" beim Fernsehen oder am Computer ein paar Bissen Fastfood in sich hineinzuschaufeln, sondern das Essen zu genießen. Bissen für Bissen – und das tut man eher, wenn man an einem hübsch gedeckten Tisch sitzt. Mit Tischtuch und Serviette, mit Messer, Gabel und Löffel, mit Glas und ohne direkt aus der Softdrink-Dose oder Saftflasche zu trinken. So werden selbst ein paar Bratkartoffeln mit Spiegelei, ein Grillwürstchen, eine Tiefkühlpizza oder sogar der Hamburger zum kulinarischen Genuss. Das ist wichtig – in unserer schnelllebigen Zeit mehr denn je. Sie

sollten sich diese Zeit gerade bei Tisch gönnen.

## Was man von klein auf können sollte

Kinder lernen am Beispiel ihrer Eltern, ihrer Umgebung. Gibt es in Ihrer Familie keinerlei Tischmanieren, dann muss Ihr Nachwuchs sich später mühsam selbst beibringen oder in Benimmkursen erlernen, wie man es richtig macht. Ein kleines Beispiel aus meiner Familie mag das verdeutlichen: Mein Neffe Patrick, damals acht Jahre alt, hatte ein paar Schulkameraden zum Mittagessen mitgebracht. Seine Mutter hatte Spagetti gemacht, mit Tomatensauce. Alle freuten sich darauf und aßen mit Freude – nur Patrick war entsetzt, als er bemerken musste, dass kein einziger seiner kleinen Freunde „richtig" mit Messer und Gabel, bzw. in diesem Fall mit Gabel und Löffel essen konnte. Und dass sie keine Servietten benutzen, war ihm völlig unverständlich ... Sie können sicher sein, dass er nicht „gedrillt" wurde, wie man sich bei Tisch richtig benimmt. Aber in meinem Elternhaus und auch in der Familie meiner Schwester war und ist es selbstverständlich, dass man sich bei Tisch manierlich benimmt. Beide Neffen machen das mit Freude, und selbst wenn sie jetzt, in der Pubertät, mal nicht im Familienkreis, sondern im eigenen Zimmer essen: Teller, Serviette, Messer und Gabel sowie ein Glas fürs Getränk gehören immer dazu. Dass sie beide einen Beruf erlernen, in dem Essen und kulinarischer Genuss im Vordergrund steht, hängt vielleicht ein wenig mit dieser Erziehung, mit dem Vorbild aus dem Elternhaus, zusammen.
Ein Schulkind muss übrigens nicht perfekt Spagetti mit der Gabel aufwickeln können (obwohl italienische Kinder das beherrschen). Aber es sollte wissen, dass der Löffel und nicht das Messer zu Hilfe genommen werden.

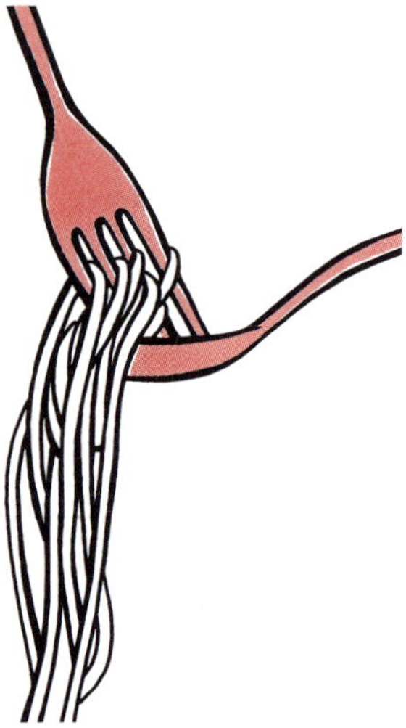

**Es gibt keine allgemein gültige Regel, wann ein Kind was können muss. Es gibt nur Richtwerte, an denen Sie sich orientieren können.**

➔ Bis zu 3-Jährige sollten wissen, dass man sich nicht mit ungewaschenen Händen und Schmutzrändern unter den Nägeln an den Tisch setzt; dass man beim Essen nicht etwas anfasst und wieder zurücklegt und dass Speisen nicht zum Spielen da sind.
So viel Spaß es auch hin und wieder macht, aus Kartoffelpüree mit Sauce einen „Berg mit See zu bauen".

➔ Zwischen vier und sechs Jahren sollte ein Kind wissen, dass man beim Essen nicht auf dem Tisch herumkleckert, sondern sein Essen auf dem dafür vorgesehenen Teller behält und

➔ spätestens als Abc-Schütze sollten Kinder mit dem Besteck umgehen können, also mit Messer, Gabel und Löffel keine Probleme haben. Außerdem wissen sie in diesem Alter, wie man bei Tisch das Besteck korrekt hält, die Serviette benutzt und geräuschlos und ohne Schmatzen oder Schlürfen isst, dass man ein Glas mit einer Hand hebt und eine Tasse am Henkel anfasst.

**Dass Sie als Erwachsener das auch alles wissen und können müssen, sollte klar sein.
Dazu kommen dann noch ein paar andere Dinge:**

➔ wie man einen Tisch richtig deckt

➔ wie man mit bestimmten Speisen umgeht

➔ welches Getränk zu welchem Essen passt

➔ wie man sich in Gesellschaft bei einem großen Festessen oder einem Buffet benimmt

➔ wie man sich als Gastgeber und als Gast richtig verhält

➔ was man bei einem Restaurantbesuch wissen sollte

All das finden Sie in den weiteren Kapiteln dieses Buches.

## Das muss man nicht unbedingt wissen

Weder als Kind noch als Erwachsener müssen Sie mit allen Besteckteilen, die es so gibt, und mit allen kulinarischen Raffinessen vertraut sein und umgehen können. Was hat es für einen Sinn, sich mühsam den Umgang mit der Hummerzange anzutrainieren, wenn Sie aller Voraussicht nach weder in die Verlegenheit kommen, jemals einen Hummer zu essen oder Hummer sowie andere Meeresgetiere gar nicht mögen? Sie müssen auch nicht mit dem Austernmesser umgehen können: Im Normalfall werden Sie Austern schon geöffnet serviert bekommen. Sie sollten dann allerdings wissen, wie Sie das Austernfleisch in der Schale lockern und schlürfen ... Und das erfahren Sie im entsprechenden Kapitel dieses Buches.

Selbstverständlich sollten Sie ein paar Grundregeln beherrschen. So etwa, dass man Besteck immer „von außen nach innen" benutzt. Dann kommen Sie nicht in Verlegenheit, wenn bei einer festlichen Tafel viele Besteckteile eingedeckt sind. Ähnlich ist es mit den unterschiedlichen Weingläsern, die bei einer großen Tafel immer bereits an Ihrem Platz stehen: Sie werden der Reihe nach gefüllt und nach dem entsprechenden Gang abserviert.

Das Wichtigste, was Sie sich antrainieren müssen, ist Selbstbewusstsein. Dann nämlich fühlen Sie sich nicht völlig verloren, wenn Ihnen ein Gericht serviert wird, von dem Sie nicht wissen, wie man es isst (oder was Sie überhaupt essen). In jedem guten Restaurant wird es dem Kellner eine Freude sein, Ihnen den Fisch zu filetieren, das Stubenküken zu zerlegen, Ihnen einen passenden Wein zu empfehlen, wenn Sie kein Weinkenner sind. Das ist in jedem Fall besser, als sich als Gourmet auszugeben und sich dann zu blamieren. Wer sich angeblich gut auskennt und dann aber bei einem Fischgericht ein wahres Schlachtfeld auf dem Teller hinterlässt, oder bei einem schwer zu teilenden Stubenküken beim Bankett statt mit Messer und Gabel zu essen „handgreiflich" wird, also mit den Fingern isst, der hat sich selbst entlarvt. Und wird eher belächelt – wenn nicht verspottet (was allerdings wirklich nicht gerade auf gutes Benehmen der anderen Gäste hindeuten würde).

Kaum jemand (außer Wein-Profis) kann alle Weine auf jeder Weinkarte perfekt einschätzen. Der Weinkellner in einem guten Restaurant jedoch schon – vor allem wird er die Weine kennen, die in diesem Hause angeboten werden. Sie sehen also: Alles kann man lernen, vieles kann man sich aber auch von anderen abschauen.

Wer selbstbewusst ist, hat keine Scheu, andere um Hilfe zu bitten und von ihnen zu lernen, wenn er in Sachen Tischmanieren, Speisen und Getränke nicht genau Bescheid weiß.

# Das Auge isst mit

Stellen Sie sich einmal vor: Sie sind zu einem großen Bankett eingeladen. Sie kommen in den Speisesaal – und finden da nur einfache Tische, ohne Tischdecke, keinerlei Dekoration, verkratztes Besteck, zusammengewürfelte Gläser und Billiggeschirr aus dem Supermarkt. Wären Sie enttäuscht? Ganz gewiss! So etwas ist weder festlich noch ansprechend. Das Beispiel beweist: Nicht nur der Anlass und feine Speisen sind für eine gelungene Veranstaltung wichtig. Entscheidend ist die Atmosphäre, in der das Ganze stattfindet, und dazu gehört das entsprechende Ambiente. Die alte deutsche Weisheit hat durchaus ihre Richtigkeit: „Das Auge will auch etwas haben.“ Ein schön eingedeckter Tisch ist nämlich eine wahre Augenweide. Da stimmt dann alles.

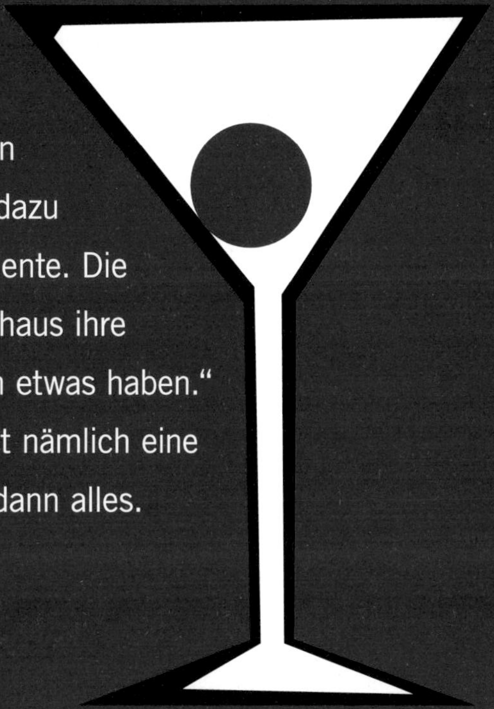

## Tischkultur für jeden Tag

Edel als Tischwäsche wirkt neben der Farbe Weiß auch Grau oder ein zarter Pastellton – etwa in rosé, gelb, blau oder grün.

Wer Freude an schön gestalteten Tischen hat, wird dies nicht nur zu einem „großen" Anlass, sondern auch im Alltagsleben haben wollen. Das sollte Grund genug sein, in den eigenen vier Wänden die Tischkultur nicht aussterben zu lassen, sondern zu pflegen. Selbstverständlich werden Sie zu Hause nicht jeden Tag ein großes Menü servieren. Aber Sie sollten nicht darauf verzichten, wenigstens einmal am Tag mit Ihrem Partner oder im Familienkreis zusammen zu speisen. Auch das ist Esskultur – und wenn Sie es stets (übrigens auch wenn Sie alleine essen!) mit Tischdecke oder Platzset, „richtigem" Besteck und Serviette, Glas und Porzellan tun, lernt Ihr Nachwuchs ganz automatisch, gepflegtes Essen in angenehmer Atmosphäre zu schätzen. Ihnen selbst tut es ebenfalls gut: Hilft es doch zu entspannen – und mit Muße zu genießen. Hektik und Stress haben wir meist genug. Essen ist ja nicht nur Nahrungsaufnahme, sondern ein Genuss, der viel mit Kultur zu tun hat. Gönnen Sie sich das selbst – immer wieder, jeden Tag. Angenehmer Nebeneffekt: Sie kommen nicht aus der Übung, wenn Sie selbst einmal zum festlichen Essen laden.

## Die „Tischwäsche": Tischtuch und Servietten

Für ein „offizielles" Bankett gilt heute wie früher dieselbe Regel: Man verwendet weiße Tischwäsche. Diese Farbe wirkt immer festlich,

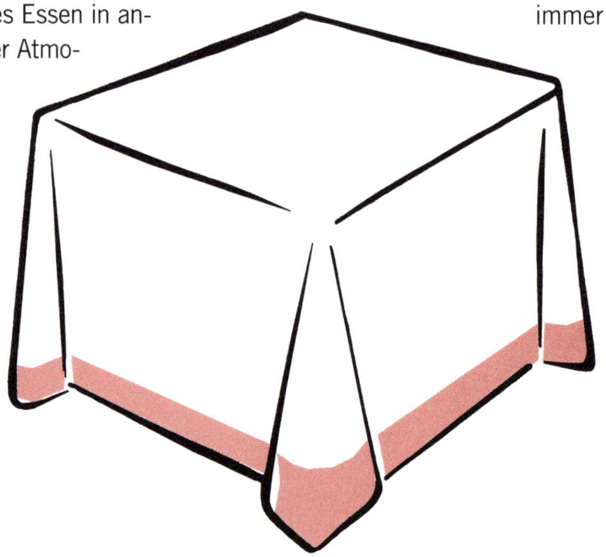

sie passt zu jedem Geschirr und man kann dazu in allen Farben dekorieren. Die Stoffservietten müssen dazu passen: Es darf durchaus eine andere Farbe sein, obwohl man das bei einem offiziellen Anlass eher selten sieht. Aber erst mit Stoffservietten wird eine Tafel perfekt harmonisch erscheinen. Knittrige Papierservietten zum Damasttischtuch? Das geht einfach nicht!

Damast – meist mit eingewebten Motiven, die leicht glänzen – hat sich als Tischwäsche fast überall durchgesetzt. Ebenfalls gut geeignet sind schwere Baumwollstoffe. Viele halten auch Leinen für optimal, denn nur wenige andere Stoffe wirken so edel: Leinen fällt schwer und fühlt sich gut an. Und es wirkt durch unterschiedliche Strukturen immer wieder anders.

Im privaten Bereich können Sie eher kreativ sein: Ihre Tischwäsche kann – sehr extravagant! – auch mal aus Seide bestehen. Je nachdem, was Sie feiern wollen, gibt es auch Baumwolltischdecken in beinahe unzähligen Farben und Mustern: Eher rustikal, wenn sie grob gewebt sind, verspielt mit Applikationen, ein wenig nostalgisch mit Spitzen, flippig mit Druckmotiven, traditionell mit Karos – es gibt für jeden Geschmack und für jeden Anlass das passende Design. Selbst eine weiße oder bunte Papiertischdecke (oder ein großes Bettlaken) kann zur entsprechenden Gelegenheit das Richtige sein. Legen Sie mal ein paar Tischdecken übereinander, spielen Sie mit Farben und Mustern, mit unterschiedlichen Materialien und Größen. Das Wichtigste: Alles muss letztendlich zusammenpassen. In der Dekoration wie im Stil von Geschirr, Besteck und Menü.

Ohne Serviette wirkt kein gedeckter Tisch dekorativ. Kein Wunder also, dass Sie im Restaurant und bei festlichen Essen kunstvoll gefaltete Servietten vorfinden. Zu diesem Thema finden Sie mehr im folgenden Kapitel – auch etliche Falttechniken stelle ich Ihnen dort vor. Hier – beim Thema Tischwäsche – möchte ich eher auf Material und Größe eingehen.

## Servietten – schmuck und praktisch

Servietten sind Textilien, die sich sehr einfach dekorativ nutzen lassen. Auf dem schön gedeckten Tisch ist ein in ungewöhnliche

Das Tischtuch sollte halb oder ganz zum Boden reichen. Bei einem privaten Fest müssen Sie das nicht unbedingt einhalten – in der Gastronomie jedoch bei offiziellen Anlässen ist das ein Muss.

Form gefaltetes Mundtuch ein Schmuckstück, aber eines, das man gebrauchen kann und sollte. Denn Servietten sind dazu gedacht, die Lippen kurz vor dem Trinken abzuwischen – so vermeidet man Speise- und Fettränder am Glas. Diese „kleine Reinigung“ ist alles, was eine Serviette „können“ muss. Sie ist also nicht dazu da, dass Sie sich übers Gesicht wischen oder – etwa nach einem Fingergericht – alle Fett- und gar Saucenreste darin wiederzufinden sind.

Servietten sind heute wesentlich kleiner als früher. Normal große Exemplare, die man in guten Restaurants vorfinden wird, sind maximal 50 mal 50 Zentimeter groß. Man benutzt sie nämlich nicht mehr als „Schürze“ für die Kleidung wie noch am Anfang des 20. Jahrhunderts. Damals war es üblich, sich die Serviette um den Hals zu binden oder in den Kragen zu stecken. Das darf man heute nur noch beim Krebsessen. Sonst gehört sie auf den Schoß! Kleinere Frühstücksservietten haben die Maße 40 mal 40 Zentimeter, Kaffee- oder Teeservietten gibt es in der Abmessung 20 mal 20 Zentimeter. Mittlerweile sind fast überall auch Mundtücher aus hochwertigem Zellstoff üblich. Selbst in guten Restaurants und im privaten Haushalt sowieso. Dann haben Sie nur noch die Qual der Wahl, denn Farben und Muster sind in allen Variationen zu haben.

Zu einer Festtafel jedoch gehören stets Stoffservietten. Das Material sollte sich gut stärken lassen – nur dann nämlich kann man diverse Falttechniken anwenden. Baumwolle und Baumwollmischungen haben sich ebenso bewährt wie Leinen und Damast. Viele Servietten sind – gerade in privaten Haushalten – verziert:

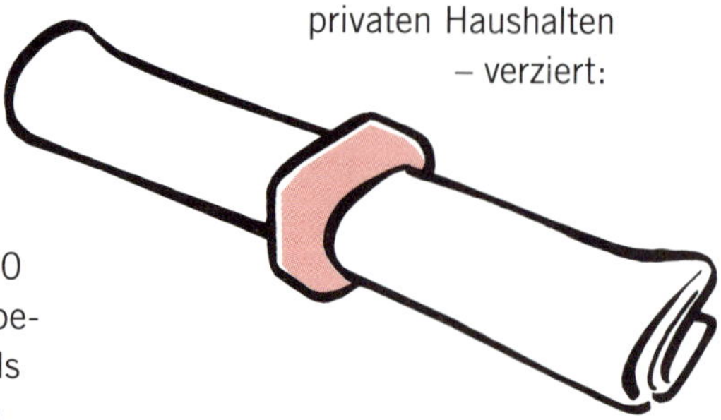

mit durchbrochenen Stickereien und Monogrammen, die Ränder sind manchmal nicht glatt, sondern zeigen Bogen-, Spitzen- oder Fransenbordüren.

Wer Servietten nicht falten will, kann sie selbstverständlich auch mit Serviettenringen dekorativ verzieren. Die gibt es nämlich nicht nur in runder Form und aus Metall. Bei dieser Tischdekoration ist Ihre Fantasie gefragt: Serviettenringe kann man aus allem Möglichen herstellen. Aus

Kordeln, Seidenbändern, Bast, Leder- und Stoffstreifen, Gras, Blüten und Blättern. Ganz nach Ihrem Geschmack und dem Motto, unter dem Sie Ihre Tafel schmücken.

## Kleine Geschichte des Mundtuchs

Bereits die Römer hatten Servietten (so genannte „mappae“). Diese nutzte man damals aber nicht nur zum Abwischen des Mundes, sondern man transportierte darin nach dem Gastmahl Speisen nach Hause. Das war durchaus üblich und ist mit unserem heutigen „Doggy Bag“ zu vergleichen. Nach und nach jedoch vergaß man diese Sitte und so geriet auch die Benutzung der Serviette in Vergessenheit. In der „Ulmer Hofzucht“ aus dem Mittelalter wird berichtet, dass es durchaus üblich war, den Mund am Tischtuch abzuwischen. Man benutzte es sogar als Taschentuch – kein sehr appetitlicher Brauch nach heutigem Geschmack! Erst im 15. Jahrhundert wurde die Serviette wiederentdeckt. Damals schrieben die Benimmregeln vor, dass man sie über der Schulter oder dem linken Arm trug.

## Geschirr und Gläser

Schönes Porzellan, dazu passende edle Gläser und schweres Silberbesteck – so stellt man sich einen perfekt gedeckten Tisch vor. Das Porzellan ist dabei das wichtigste Element einer gelungenen Tischdekoration. Seine Farbe und sein Dekor, aber auch das Material und die Form tragen entscheidend dazu bei, wie eine Tafel wirkt. Wenn man sich einmal in einem Porzellangeschäft umsieht, weiß man: Hier sind dem Geschmack und der Fantasie kaum Grenzen gesetzt. Statistiken besagen, dass in etlichen deutschen Haushalten nicht nur ein, sondern vier bis fünf komplette Tafel-, Kaffee- und Teeservices vorhanden sind. Für jede Situation und den Geschmack eines jeden Gastes scheint man also gerüstet. Allerdings: Man kommt mit weit weniger aus, wenn man nicht so oft viele Gäste hat oder repräsentieren muss.

**Zu weißem Porzellan, schlichten, aber edlen Gläsern und klassischem Besteck als Basis lässt sich in der Dekoration fast alles Mögliche kombinieren:**

→ Spielen Sie mit Farben (z.B. bei den Servietten, aber auch bei manchen Geschirrteilen).

➔ Setzen Sie Kontraste mit außergewöhnlichen Formen (etwa beim Besteck, bei Kerzenleuchtern, bei Gläsern).

➔ Zeigen Sie Fantasie bei der Dekoration (z.B. bei der Gestaltung von Tisch- und Menükarten).

➔ Seien Sie mutig in Sachen Material (z.B. bei der Zusammenstellung von Glas und Porzellan, von Kunststoffen und Metallen).

## Was Sie über Porzellanqualitäten wissen sollten

Selbst wenn Sie Teller und Serviergeschirr auch aus Metall, Glas, Holz oder Plastik bekommen – im Normalfall werden Sie ein Service aus Porzellan oder Keramik Ihr Eigen nennen. Für alle Keramikarten gibt es denselben Ausgangsstoff: nämlich Ton. Daraus können jedoch unterschiedliche Dinge hergestellt werden – wir kennen vier Gruppen von Geschirr:

➔ Töpferware (z.B. aus Mittelmeerländern), die aus hart gebrannter Tonerde gefertigt und bei sehr geringen Temperaturen gebrannt wird. Dieses Geschirr ist sehr porös und nicht wasserdicht. Deshalb muss es vor Gebrauch unbedingt glasiert werden. Oder man verwendet solches Geschirr nur zur Dekorationszwecken.

➔ Steingut (z.B. aus Skandinavien) ist ziemlich widerstandsfähig, denn es wurde bei höheren Temperaturen gebrannt.
Der weiße „Scherben“ (so nennt der Fachmann das Ganze) ist dicker, aber poröser als Porzellan. Steingut wirkt allerdings immer recht rustikal und wird nur sehr wenig verziert.

➔ Porzellan stellt man aus weißem Kaolin her. Man unterscheidet Weich- und Hartporzellan, die sich in Zusammensetzung und Brenntemperatur etwas unterscheiden. Qualitativ gutes Porzellan sieht beinahe lichtdurchlässig aus und klingt hell, wenn man es anschlägt. Das Material ist bestens zu verarbeiten – auch zu ungewöhnlichen und feinen Formen.

➔ Dem Knochenporzellan (auch Bone China genannt) wird bei der Herstellung Knochenasche beigemischt. Es ist eine besonders feine Porzellanqualität, die fast transparent wirkt. Dennoch ist es stabil.

**Wichtig ist außerdem die Art der Glasur: Sie kann durchsichtig sein oder deckend, spülmaschinenfest oder nur für die Reinigung von Hand geeignet.**

➔ Steingut etwa wird bei niedrigeren Temperaturen gebrannt – da sind wundervolle und farbenprächtige Dekore möglich. Diese sind haltbar, spülmaschinenfest und sogar oft mikrowellengeeignet.

➔ Sehr haltbar ist Geschirr mit Unterglasdekor. Hier schützt eine zweite, klare Glasurschicht das Muster. Einziger Nachteil: Man kann nur dunkle Farbtöne verwenden – etwa das Blau des bekannten Zwiebelmusters.

➔ Wer kräftige Farben auf Porzellan mag, sollte auf Ware mit Inglasur zurückgreifen. Dabei sind Metalldekors möglich, die sogar die Spülmaschine überstehen. Inglasur bedeutet, dass die Dekorfarbe durch einen weiteren Brennvorgang bei hoher Temperatur in die Glasur einsinkt und ebenfalls spülmaschinenfest wird.

➔ Porzellan mit Aufglasur dagegen ist weniger für die Spülmaschine geeignet. Teller mit Goldrand z.B. muss man meist von Hand spülen.

➔ Keramikgeschirr darf nur dann in die Maschine, wenn es komplett glasiert ist. Das stellen Sie durch Betasten fest: Spüren Sie leichte Erhebungen, so dürfte das Muster auf einem Keramikstück den Waschgang in der Spülmaschine nicht überstehen.

## Welche Teile Sie brauchen: die Grundausstattung für Porzellan

Selbst wenn Sie normalerweise nur bis zu sechs Personen an Ihrem Tisch versammeln, benötigen Sie eine Grundausstattung an Porzellan. Achten Sie bei der Auswahl „Ihres" Services darauf, dass Sie es jederzeit ergänzen und ausbauen können. Die großen Porzellanhersteller geben normalerweise eine Nachkaufgarantie. Allerdings hat das Verbrauchermagazin „Infomarkt" (SWR) bemängelt, dass die meis-ten dieser Garantien nur für fünf Jahre gelten. Ein teures Service jedoch benutzt man im Haushalt gerne durchaus 20 oder 30 Jahre. Dazu kommt: Meist gilt die Nachkaufgarantie nur für verkaufsstarke, klassische Porzellanserien: Bei Villeroy & Boch etwa für die „Wildrose" seit 1969, bei

Achten Sie bei Porzellan auf die Kennzeichnung auf der Unterseite: Das Gütesiegel „spülmaschinenfest" garantiert problemlose Reinigung in der Maschine; die Kennzeichnung „spülmaschinengeeignet" weist auf etwaige Probleme hin.

Rosenthal für „Maria Weiß“ seit 1916. Modernere Dekors dagegen haben nicht unbedingt lange „Laufzeiten“.

Wählen Sie daher ein modernes, aber dennoch in Form und Dekor zeitloses Porzellan, das Sie gut mit anderen Elementen kombinieren können. Achten Sie auf den Gebrauchswert: Ihr Porzellan sollte stapelbar und standfest sein. Es sollte die Spülmaschine schadlos überstehen – d.h. es hat auch keine besonders verspielten oder hervorstehenden Griffe oder Tüllen, die leicht abbrechen. Und: Es sollte ausbaufähig sein – und das für einen längeren Zeitraum.

Nachkaufgarantie gibt es oft nur für Serviceteile wie Tassen, Untertassen und Teller. Sonderteile (z.B. Milchkännchen, Terrinen oder Saucieren) sind davon ausgenommen.

➔ Zum Grundbedarf rechnet man allgemein: Kaffee- und/oder Teekanne, sechs Kaffeetassen mit Untertassen, Zuckerdose, Sahne- und Milchkännchen, sechs Dessertteller, sechs flache große Teller (25 cm), sechs flache Dessertteller (19 cm), sechs Suppenteller oder -tassen, Ragoutschüssel, Salatschale (23 cm), Fleischplatte (33 cm), Fleischplatte (38 cm), Sauciere und Suppenterrine.

➔ Zum gehobenen Bedarf zählen dann: sechs Teetassen mit Untertasse, sechs Mokka- oder Espressotassen mit Untertassen, Butterdose, Geleedose, Gemüseschüssel, kleine Fleischplatte (28 cm), extra große Fleischplatte (45 cm), Tortenplatte, Salatschale (19 cm) sowie sechs Kompottschalen.

➔ Zur Ergänzung können Sie außerdem anschaffen: Sandwichplatte, Sardinenschale, Salz- und Pfefferstreuer, rechteckige Kuchenplatte, Beilagenschale, Salatschale (26 cm), sechs Kuchenteller (17 cm), Senfdose, Fischplatte, sechs Fischteller, Grätenschale, Fingerschalen, Spargelplatte, Butterpfännchen, Antipasti-Schalen sowie alles, was Ihr Herz begehrt und Sie in Ihrem Haushalt anschaffen wollen. Das kommt sicher darauf an, welche Leckereien Sie Ihren Gästen servieren ...

## Warum Glas zur Ess- und Trinkkultur gehört

Bei einer Weinprobe in einer Glashütte durfte ich selbst vor vielen Jahren einmal ausprobieren, was ich Ihnen hier auch als Versuch ans Herz lege: Die Form eines Glases verändert den Geschmack des Inhalts. Öffnen Sie eine Flasche Wein, und zwar durchaus einen Tropfen von guter

Qualität und schenken Sie ihn in unterschiedlichste Gläser. Vielleicht nehmen Sie ein Weißwein-, ein Sherry-, ein Schnaps-, ein Wasser-, ein Rotwein- und ein Bierglas, probieren Sie auch eine Sektflöte. Sie werden schnell merken: In jedem Glas entwickelt sich ein in Nuancen unterschiedlicher Geschmack. Das hat einen Grund: Der Wein „atmet" – d.h. in Verbindung mit der Luft verändert er sein Aroma. Die Form des Glases ist also dafür verantwortlich, dass wir aus einem edlen Tropfen den bestmöglichen Genuss herausziehen können. Noch etwas kommt dazu – unser Auge isst nicht nur mit, sondern es trinkt auch mit. Will heißen: Ein edler Rotwein im Wasserglas – das schmeckt genauso wenig wie ein zünftiges Pils, das Ihnen im Rotweinkelch serviert wird. Genau deshalb haben sich – neben traditionellen Formen – für die verschiedenen Getränke auch unterschiedliche Glasformen entwickelt. Zu einer Grundausstattung gehören deshalb auch die entsprechenden Gläser.

## Was Sie über Glasqualitäten wissen sollten

Glas gilt als „ältester Werkstoff des Menschen" – denn es kommt in der Natur in dieser Form nicht vor. Einzige Ausnahme: das vulkanische Gesteinsglas Obsidian. Wegen seiner großen Härte und der scharfen Kanten beim Bruch wurde es als Keil und Waffe benutzt. Die ersten Glasgefäße stammen aus dem 15. Jahrhundert vor unserer Zeitrechung: In Ägypten stellte man Vasen her, am Nil wurden auch Überreste der ersten Glashütten gefunden. Dort war man sogar in der Lage, durchsichtiges, also farbloses Glas herzustellen. Verwendet wurde es allerdings vor allem zur Aufbewahrung von Salben, Essenzen und anderen wertvollen Ingredienzien.

Trinkgläser wurden etwa zu Beginn unserer Zeitrechnung allgemein üblich. Etwa 100 Jahre zuvor war im Mittelmeerraum die Glasmacherpfeife und damit die Kunst der Glasbläserei erfunden worden. Die römischen Kaiser tranken ihren Wein bereits aus relativ dünnwandigen Gläsern. Im 12. Jahrhundert – nach einer Pause von einem halben Jahrtausend

– war der Genuss von Essen und Trinken wieder im Aufschwung. Glas war damals billiger als Trinkgefäße aus Bergkristall und Edelmetallen, die an den Höfen und beim Klerus üblich waren. Allerdings waren die Trinkgläser jener Zeit sehr dickwandig und konnten, wenn sie denn wirklich einmal zu Bruch gingen, kaum ersetzt werden: Glasereien waren selten, nur wenige Haushalte besaßen überhaupt Gegenstände aus Glas. Erst als dann in Böhmen im 17. Jahrhundert das „böhmische Waldglas“ erfunden wurde, war der Siegeszug des Glases als edles und dennoch preiswertes Trinkgefäß nicht mehr aufzuhalten. Noch heute werden hochwertige Gläser nach dem alten Mundblasverfahren hergestellt und danach per Hand veredelt. Einfaches Gebrauchsglas dagegen stellt man heute im Pressverfahren her. Beide Arten lassen sich verzieren und dekorieren: Man kann Glas bemalen und bedrucken, vergolden, schleifen, ätzen und vieles mehr.

Im Handel gilt als edelstes Glas das Bleikristall: Es funkelt und strahlt um so mehr, je mehr Kristallflächen das Licht reflektieren. Schlicht aussehende Kelche, ohne geschliffene Verzierungen sind jedoch nicht weniger wertvoll. Übrigens: Sie sollten Ihre Gläser, vor allem Kristallgläser, niemals in die Spülmaschine geben – sie können von einer Sekunde zur anderen irreparabel „erblinden“. Wertvolle Gläser spülen Sie daher am besten immer von Hand.

## Welche Gläser Sie brauchen: die Grundausstattung für Gläser

Es bleibt Ihrem Geschmack überlassen, welche Form und Gestaltung Sie für Ihre Gläser wählen. Es gibt durchaus die Möglichkeit, mit Farben und Formen zu spielen – also beispielsweise unterschiedliche Sammelgläser einer bestimmten Reihe oder eines Künstlers einzudecken. Bei der klassischen Festtafel wird man zwar eine einheitliche Ausstattung wählen. Im privaten Bereich können Sie jedoch selbstverständlich nach Ihren Vorstellungen verfahren.

Wenn Sie sich Ihre Grundausstattung von Gläsern zulegen, bedenken Sie bitte: Was trinken Sie, Ihr Partner, Ihre Familie normalerweise? Was Ihre Gäste? Haben Sie oft Gäste? Wenn ja: wie viele?

→ Zum Grundbedarf gehören (zu den Bedürfnissen rechnen Sie noch ein bis zwei Stück mehr als „Reserve") Sektflöten, Gläser für Weißwein, Sherry und Likör sowie Pilstulpen.

→ Zum gehobenen Bedarf zählen zusätzlich Gläser für Rotwein, Becher für Longdrinks, Whisky und Cocktails, Cognac-Schwenker, ein Bowlenset aus Gläsern und Gefäß sowie ein Glaskrug.

→ Zur Ergänzung können Sie außerdem anschaffen: Sektschalen, Champagnerflöten, Gläser für Grappa, Obstler, Martini, Bordeaux, Burgunder und Riesling; Karaffen für die unterschiedlichen Schnäpse und für Rotwein, Dekantiergefäß mit Trichter, Sektkübel – und noch vieles mehr. Davon wird Sie ein Bummel im Fachgeschäft überzeugen ...

## Kleine Weinglaskunde

Jeder Wein hat das entsprechende Glas, und dafür gibt es einen Grund: Nur dort kommt das ganze Aroma und damit der volle Geschmack zur Geltung. Früher unterschied man strikt nach Gläsern für Rot- und Weißwein. Heute geht man nicht mehr nach der Farbe, sonder stets nach der Qualität des Weins. Unsere Zunge schmeckt trockene Weine eher im hinteren Bereich, Süßes dagegen über die Zungenspitze. Die Glasform trägt dazu bei, den Wein an die richtige Stelle zu „transportieren".

→ Der Glaskelch sollte sich zum Glasrand hin verjüngen: So werden flüchtige Aromamoleküle „festgehalten" und Sie können die Blume des Weins riechen – auch das trägt zum Geschmacksgenuss bei.

→ Prinzipiell sollten Rotweingläser größer sein als die für Weißwein: Das Bukett entfaltet sich so besser.

→ Bauchige Gläser sind für trockene Rot- und Weißweine optimal.

→ Halbtrockene oder milde Weine entfalten sich am besten in Gläsern mit ausgestelltem Mundrand.

→ Schwere, kostbare Rotweine trinkt man am besten aus einem fast kugelförmigen Glas.

→ Für halbtrockene und mildere Roséweine sind mittelgroße, nach

Eine alte Regel sagt: „Große Weine gehören in große Gläser, kleine Weine in kleine Gläser."

In der „guten alten Zeit“ trank man Champagner aus winzigen Flötengläsern, die nur einen Schluck fassten. So wurde das Getränk niemals warm. Allerdings: Damals stand bei Empfängen auch hinter jedem Gast ein Diener, der ständig aus einer eisgekühlten Flasche nachschenkte ...

oben leicht ausgezogene Gläser optimal.

→ Der Kelch für Weißwein ist kleiner, denn Weißwein wird kühl getrunken. Im kleinen Kelch erwärmt er sich nicht so schnell.

→ Kleine und schmale Gläser mit Stiel sind optimal für Aperitifs wie Sherry und Madeira.

→ Sekt und Champagner sowie alle Schaumweine kann man aus zwei Glasformen genießen: dem Spitzkelch („Sektflöte“ oder „la flûte“) oder der Sektschale („la coupe“). Im Kelch sind so genannte Moussierpunkte eingeschliffen (kleine raue Stellen), die fürs Perlen des Weins sorgen. Sektschalen nimmt man heute bei uns in Deutschland kaum mehr her; sie sind aber optimal für Schaumweine mit besonderem Bukett (etwa „Asti Spumante“ mit Muskatelleraroma) oder für Champagnercocktails.

## Die festlich gedeckte Tafel

Messer und Gabel, großer Löffel, kleiner Löffel, Fischbesteck. Dazu Gläser: große und kleine, hohe und flache, bauchige und schlicht gerade – da kennt man sich ja gar nicht mehr aus, meinen Sie? Keine Angst! Das ist alles nicht so schwer wie es Ihnen, gerade bei einem mehrgängigen Menü in festlicher Umgebung, auf den ersten Blick vorkommt. Prinzipiell unterscheidet man das „kleine“ und „große“ Gedeck.

## Das „kleine Gedeck“

Es ist für den Alltag gedacht: sowohl beim Mittagessen etwa in der Kantine oder im Stammlokal, aber auch fürs „normale“ Essen bei Ihnen zu Hause. Das kleine Gedeck ist die Basis für den gedeckten Tisch, und wenn Sie das kennen, haben Sie auch keine Probleme bei einem großen festlichen Bankett. Das ist nämlich im Prinzip das Gleiche – nur in etwas größerer Ausführung sozusagen.

### Zum kleinen Gedeck gehören

→ Suppe, Hauptgericht und Dessert sowie

→ das zugehörige Besteck: also Löffel, Gabel und Messer sowie der Dessertlöffel.

Die Gabel liegt links vom Teller, rechts das Messer und außen rechts der Löffel für die Suppe. Oberhalb des Tellers liegt quer der Dessertlöffel, etwas höher rechts steht ein Glas für das Tischgetränk.

**Keine Regel ohne Ausnahmen – das ist auch bei Tisch so:**

➔ Für ein reines Pastagericht wie z.B. Spagetti genügen Gabel (links vom Teller) und Löffel (rechts vom Teller). In manchen italienischen Restaurants bekommen Sie lediglich eine Gabel eingedeckt, denn „Spagettiprofis“ können damit umgehen. Sie müssen das aber nicht können: Lassen Sie sich einen Löffel bringen.

➔ Ganz einfach ist die Anordnung des Bestecks, wenn Ihr Essen lediglich aus einem Eintopf oder einer sehr sättigenden Suppe besteht: Hier finden Sie lediglich einen Löffel rechts vom Teller.

➔ Spezialgerichte – dazu in Kapitel 4 mehr – erfordern auch Spezialbestecke. Diese werden dann von Fall zu Fall entsprechend eingedeckt.

## Das „große Gedeck“

Bei besonderen Anlässen – also große Feierlichkeiten und Empfänge – werden mehr als drei Gänge serviert. Das ist dann das so genannte „große Gedeck“, ein Menü also, bei dem es mehr als Suppe, Hauptgang und Dessert zu speisen gibt. Dazu wird dann natürlich auch mehr Besteck benötigt. Die einzelnen Teile werden dann – nach der Folge des Menüs – von außen nach innen bereitgelegt. Die für jedes Getränk entsprechenden Gläser stehen von rechts nach links oben an der rechten Seite Ihres Platzes.

Es gibt einen internationalen Standard für das fünfgängige Menü: Es besteht aus Vorspeise, Suppe, Fischgericht, Fleisch und Dessert, und jeder Gast findet Besteck und Gläser so eingedeckt:

→ An jedem Platz steht ein Vorlege- oder Platzteller, der als Unterteller dient und erst vor dem Dessert abgeräumt wird. Zu jeder Gangfolge kommt ein neuer flacher Teller auf diesen Platzteller.

→ Links neben jedem Platz steht der Brotteller, auf dem ein kleines Messer liegt. Es ist nur fürs Aufstreichen der Butter gedacht, nicht etwa dafür, Brötchen aufzuschneiden.

→ Die Servietten sind dekorativ auf den Teller gestellt – oft in einer besonderen Form gefaltet. Oder sie liegen schlicht und einmal gefaltet links neben dem Teller.

→ Die Gläser stehen in der Reihenfolge der Benutzung rechts oberhalb des Platztellers in einer schrägen oder geraden Reihe. Für jede Weinsorte erhalten Sie ein Glas. Wenn also zwei Weißweinsorten serviert werden, sind auch zwei Weißweingläser eingedeckt. Das Wasserglas bleibt bis zum Ende des Essens stehen.

Der Salatteller wird erst zu dem betreffenden Gang mit aufgetragen und steht dann links neben dem Platzteller. Auch Fingerschalen werden erst serviert, wenn sie gebraucht werden.

→ Am weitesten außen liegt das Besteck für die Vorspeise. Das müssen nicht zwingend zwei Besteckteile sein – manches Vorgericht isst man ja nur mit Löffel oder Gabel. In so einem Fall liegt das entsprechende Besteck rechts, im anderen Fall natürlich rechts und links.

→ An der rechten Seite folgt dann nach innen der Suppenlöffel, danach das Fischmesser und das Messer für das Fleisch.

→ An der linken Seite ergibt sich folgerichtig: zuerst ein Teil des Vorspeisenbestecks, dann die Fischgabel und ganz innen die Fleischgabel.

→ Quer oberhalb finden Sie die Besteckteile fürs Dessert. Dabei zeigt der Griff einer Gabel nach links, der des Löffels nach rechts.
Gibt es als Dessert frische Früchte, so liegt statt eines Löffels ein Dessertmesser oberhalb des Tellers.

→ Die Schneide des Messers zeigt immer nach innen, also zum Teller hin. Die Gabel liegt normalerweise so, dass die Zinken nach oben stehen.

→ Bei einem Menü mit mehr als sechs Gängen wird das Besteck nicht komplett ausgelegt. Die gastronomische Grundregel lautet: Rechts sollen nicht mehr als vier, links nicht mehr als drei Besteckteile liegen. Man reicht in diesem Fall die Besteckteile zu den einzelnen Speisen nach.

## Tipps und Tricks fürs Tischdecken

→ Bei eckigen Tischen achten Sie darauf, dass die Gedecke genau gegenüber platziert sind.

→ Werden Teller nicht eingedeckt, weil sie erst mit den Speisen serviert werden (oder weil sie gewärmt an den Tisch kommen), stellt man an jeden Platz eine Serviette oder einen Platzteller.

→ Die Teller stehen etwa einen Zentimeter vom Tischrand entfernt. Der Abstand zwischen zwei Gedecken sollte etwa 60 bis 80 Zentimeter sein. Das misst man übrigens von Gedeckmitte zu Gedeckmitte.

→ Tassen und Untertassen werden seitlich rechts und oberhalb des Tellers aufgestellt, der Henkel der Tasse zeigt stets nach rechts.

→ Vorspeisenteller oder Suppentassen stehen auf den Menü- oder Platztellern. Salatteller platziert man links oberhalb, den kleinen Brotteller links direkt neben dem Menüteller.

→ Besteck wird logisch angeordnet – die Teile für den ersten Gang ganz außen, die fürs Hauptgericht ganz innen. Der Abstand zum Teller beträgt etwa ein Fingerbreit.

→ Gabeln liegen prinzipiell links und Messer immer rechts vom Teller, die Schneide zeigt immer nach innen, also zum Teller hin. Auch das Besteck liegt etwa einen Zentimeter von der Tischkante entfernt.

→ Geschirr und Besteck sollten entlang einer gedachten Linie ausgerichtet sein – also möglichst einheitlich.

→ Gläser werden als letztes angeordnet: auf der rechten Seite oberhalb des Bestecks in der Reihenfolge der Getränke. Das Glas fürs erste Getränk steht also rechts außen.

→ Am Schluss werden die Servietten platziert: entweder – natürlich gerne dekorativ gefaltet – auf dem Platzteller oder links daneben.

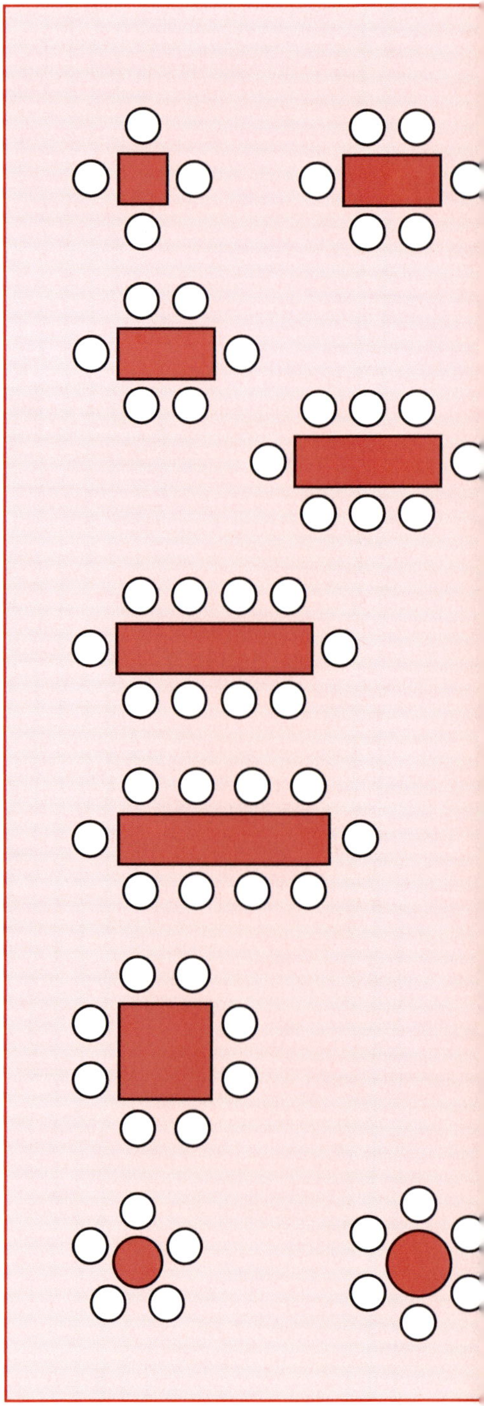

## Was Sie für welche Tischform und -größe brauchen

**Hier sehen Sie auf einen Blick, wie Sie optimal eindecken:**

| Anzahl Personen | Tischform | Tischgröße in Zentimeter | Tischtuchgröße in Zentimeter |
|---|---|---|---|
| 4 | quadratisch<br>jede Seite 1 Gast | 80 x 80 | 130 x 130 |
| 6 | rechteckig<br>je 2 Gäste an den Längsseiten<br>je 1 an den Kurzseiten | 80 x 120 | 130 x 170 |
| 6 | rechteckig<br>je 2 Gäste an den Längsseiten<br>je 1 an den Kurzseiten | 80 x 130 | 130 x 180<br>oder<br>140 x 190 |
| 8 | rechteckig<br>je 3 Gäste an den Längsseiten<br>je 1 an den Kurzseiten | 80 x 170 | 130 x 220<br>oder<br>140 x 230 |
| 10 | rechteckig<br>je 4 Gäste an den Längsseiten<br>je 1 an den Kurzseiten | 80 x 190 | 130 x 240<br>oder<br>140 x 230 |
| 10 | rechteckig<br>je 4 Gäste an den Längsseiten<br>je 1 an den Kurzseiten | 80 x 230 | 140 x 280 |
| 6-8 | quadratisch<br>an jeder Seite 1-2 Gäste | 120 x 120 | 180 x 180 |
| 4-5 | rund | Durchmesser<br>80 bis 90 | Durchmesser<br>130 oder 140 |
| 6 | rund | Durchmesser<br>100 bis 110 | Durchmesser<br>160 |

(Quelle: aid)

## Besteckkunde: Form, Material, Pflege

Besteck ist – wenn Sie qualitativ gutes wählen – wirklich eine „Anschaffung fürs Leben". Achten Sie deshalb auf klassisches, zeitloses Design. Natürlich sollte Ihr Besteck zum Porzellan passen, auch zur Einrichtung Ihrer Wohnung. Und: Einzelne Teile sollten nachkaufbar sein. Anders als bei Porzellan können Sie Besteck – wenn es denn ein klassisches Modell ist – über viele Jahre nachkaufen. Manche Hersteller haben bestimmte Formen seit mehr als 150 Jahren im Angebot. Kein Problem also, selbst ererbte Bestecke unter günstigen Voraussetzungen noch zu ergänzen ...

Das klassische Besteck in Mitteleuropa ist die Form „Spaten": Sie stammt aus dem 16. Jahrhundert und ist die älteste heute noch gebräuchliche Besteckform. Ihren Namen hat sie von der Form des Stiels, denn der Griff erinnert an das Grabwerkzeug. Im Fachhandel finden Sie viele Variationen der Spatenform, aber natürlich auch andere klassische und moderne Formen: verspielt und einfach, verziert und schlicht. Nach den überladenen Formen früherer Zeiten gab es Ende des 19. Jahrhunderts das ebenfalls klassisch-schlichte Design „Augsburger Faden", das heute ebenfalls zu den Klassikern zählt. In Fabriken wird Besteck, so wie wir es heute kennen – also Gabel, Messer und Löffel – etwa seit dem 19. Jahrhundert hergestellt. Vorher waren eher handwerkliche Einzelstücke üblich.

**Für Besteck gibt es zwei Herstellungsverfahren:**

→ Aus kaltem, seltener aus erhitztem Sterlingsilber, Alpaka- und Edelstahlblechen werden Löffel, Gabeln und viele andere Besteckteile geprägt.

→ Messerklingen und Monobloc-Messer dagegen werden aus Edelstahl geschmiedet, der zuvor bis zur Rotglut erhitzt wurde.

Zur Herstellung von hochwertigem Besteck sind zahlreiche Arbeitsschritte und ausgezeichnetes Material notwendig. Es kommt auf die Legierung an. Es gibt verschiedene Edelstahl-Legierungen in der Besteckfabrikation:

→ Chromstahl, Chromnickelstahl und Spezialstahl verwendet man für Monobloc-Messer und Klingen. Sie alle sind rostfrei.

→ Chromstahl wird für einfache Bestecke verwendet. Er besteht aus einer Stahl-/Chromlegierung, der Anteil Chrom liegt zwischen 13 und 18 Prozent. Chromstahl hat allerdings einen Nachteil: Er ist säureempfindlich, d.h. manche Speisen können zu Verfärbungen führen.

➔ Chromnickelstahl trägt die Bezeichnung 18/8 oder 18/10. Das bedeutet, dass die Stahllegierung 18 Prozent Chrom und acht bzw. zehn Prozent Nickel enthält. Chromnickelstahl ist allerdings extrem gebrauchstüchtig und hat einen besonders angenehmen hellen Glanz.

## Eine besondere Kostbarkeit: Silberbesteck

Silberbesteck ist edel und passt besonders gut zu hochwertigem Porzellan. Bei regelmäßigem Gebrauch läuft es übrigens nicht an. Allerdings kann man reines Silber nicht bearbeiten und als Besteck verwenden: Es ist zu weich. Zur Härtung mischt man deshalb Kupfer bei. Die häufigsten Silberlegierungen tragen die Zahlen 800 und 925, und dies zeigt an, wie viele Teile reinen Silbers in je 1000 Teilen Material enthalten sind. Sterlingsilberbestecke sind mit der Zahl 925 gestempelt: Ein Kilo Sterlingsilber enthält also 75 Gramm Elektrolytkupfer als Härtungsmetall und 925 Gramm Silber. Bei uns in Deutschland allerdings bestehen die meisten Echtsilberlegierungen aus der Mischung von 800 Gramm Silber und 100 Gramm Kupfer.

Bestecke aus Silber haben einen Kern aus Edelstahl. Dieser „Körper" wird dann galvanisch versilbert. Die gebräuchlichste Silberauflage ist dabei die so genannte 90-Gramm-Versilberung. Sehen Sie auf einer Kuchengabel also z.B. die Angabe 90/18, bedeutet das: Auf der Besteckoberfläche sind insgesamt 90 Gramm Silber. Die Zahl 18 zeigt an, dass für die Versilberung von zwölf gleichen Gabeln 18 Gramm Silber benötigt wurden. Bei Einzelteilen, etwa einem Tortenheber, kann man unter Umständen die Angabe 90/3,5 finden. Das heißt: Für die Versilberung dieses einzelnen Besteckteils wurden dreieinhalb Gramm reines Silber verwendet. Damit sich bestimmte Teile des Bestecks – als etwa die Wölbung eines Löffels oder die Zinken einer Gabel – nicht mehr abnutzen als die übrigen Stellen, wird an solchen besonders beanspruchten Teilen eine stärkere Silberschicht aufgetragen.

## Wie man Besteck richtig pflegt

→ Immer vorspülen! Bestecke bleiben leider oft lange im Besteckkorb der Maschine stehen – eben bis zum nächsten Spülgang. In dieser Zeit können Speisesäuren auf dem Metall Schattierungen hinterlassen. Wenn Sie kurz per Hand vorspülen, verhindern Sie dies.

→ Richtig einordnen! Achten Sie darauf, dass unterschiedliche Metallarten und andere Materialien getrennt in den verschiedenen „Abteilungen“ des Besteckkorbs eingeordnet werden. Messer sollten immer getrennt vom anderen Besteck stehen. Und: Besteck gehört „über Kopf“, also mit den Griffen nach unten, in die Maschine. Der Grund: Das Spülmittel läuft besser ab.

→ Nachtrocknen! Wer sein Besteck länger in der feucht-heißen Luft der Spülmaschine stehen lässt, muss mit Flugrost rechnen. Das sind kleine Rostpartikel von Töpfen und Pfannen (oder aus der Wasserleitung), die sich vor allem auf Messerklingen festsetzen. Bitte sofort mit Metallputzmittel (evtl. einem Spezial-Silberputzmittel) entfernen! Sonst bleiben hartnäckige Flecken zurück.

Deutsche Silberschmiede prägen heute noch in jedes gefertigte Teil einen Mond. Silber ist das Zeichen des Mondes, und die Ägypter nannten dieses Edelmetall auch deshalb „weißes Gold“. Neben dem Mond ist jeweils eine Reichskrone eingeprägt, der Gehalt des Silbers und natürlich das jeweilige Zeichen der Silberschmiede.

## Der Grundbedarf an Besteck

→ Zum Grundbedarf gehören (jeweils sechs- oder zwölffach) Tafelmesser, Tafelgabel, Tafellöffel, Dessertmesser, Dessertgabel, Dessertlöffel, Kaffeelöffel; dazu Tortenheber, Kuchengabel, Suppenkelle, Gemüselöffel, Saucenlöffel, mittelgroßes Salatbesteck, Beilagengabel, Zuckerlöffel.

→ Zum gehobenen Bedarf zählen (jeweils sechs- oder zwölffach) Mokkalöffel, Fischbesteck, Tassenlöffel für Suppentassen, Obstmesser; außerdem: Tranchierbesteck, Fischvorlegebesteck, Butter-, Käsebesteck, Tortenmesser, Kartoffellöffel.

→ Zur Ergänzung können Sie außerdem anschaffen (jeweils sechs- oder zwölffach): kleine Kaffeelöffel, Gourmetlöffel, Kompottlöffel, Limonadenlöffel; außerdem: großes Salatbesteck, Zuckerzange, Buttermesser, Gemüsegabel, Spargelheber. Auch hier gilt: Ergänzen Sie nach Lust und Laune.

## Spezialbestecke für besondere Fälle

→ Der Gourmetlöffel ist sehr flach gewölbt – also ideal dafür geeignet, um Saucen zu genießen (anstatt sie „verbotenerweise“ mit einem Stückchen Brot aufzustippen). Darüber hinaus wird der Gourmetlöffel auch zum Zerteilen von Fisch verwendet, und er ist ein apart geformter Dessertlöffel. Man hält ihn übrigens in der rechten Hand, denn er ersetzt ja – z.B. bei Fischgerichten – das Messer.

→ Hummerbesteck besteht aus zwei Teilen: der Hummerzange, die man zum An- oder Aufbrechen der Scheren benutzt, und der langen schmalen Hummergabel. Sie hat zwei kurze Zinken, um das köstliche Hummerfleisch aus den Zangen zu ziehen. Das breite gewölbte Ende der Gabel ist für das Auskratzen der Schale und für die Hummerbutter bestimmt.

→ Das ebenfalls zweiteilige Schneckenbesteck benutzen Sie immer dann, wenn die leckeren Tierchen nicht bereits ausgelöst im Pfännchen serviert werden, sondern sich noch in der Schale befinden. Dann halten Sie mit der Schneckenzange das Haus fest und ziehen mit der schmalen, zweizinkigen Schneckengabel das Fleisch aus dem Häuschen.

→ Es gibt diverse Spezialmesser, z.B. das Austernmesser (auch Austernöffner oder Austernbrecher genannt): Es hat einen kräftigen Griff mit einer kurzen aber starken Klinge, die nur auf einer Seite geschärft ist. Außerdem ist am Klingenende ein Griffschutz angebracht. Das Buttermesser hat keine scharfe Schneide, sondern ist klein und stumpf: Brot wird bei Tisch nicht geschnitten, sondern gebrochen, und dieses Messer nutzt man wirklich ausschließlich zu Aufstreichen kleiner Butterstücke. Das Fischmesser hat eine flache, stumpfe Klinge zum schonenden Zerteilen. Mit dem Krebsmesser schneidet man den Panzer des Meerestieres auf. In der Klinge hat dieses Spezialmesser ein kleines Loch – damit bricht man Beine und Scheren auf. Kleine Spachteln (auch Spaten genannt) helfen beim Brotaufstrich.

Steakmesser sind extrem schmal und besonders scharf. Sie haben außerdem einen Wellenschliff, damit man das Fleisch leichter zerteilen kann. Das Parmesanmesser ist ebenfalls sehr kurz und kräftig. Man sticht damit Hartkäse wie Parmesan oder Pecorino ab.

➔ Speziallöffel sind z.B. der Austernlöffel, der Jogurtlöffel mit extralangem Stiel, der Grapefruitlöffel, der sehr spitz zuläuft und auf einer Seite gezackt sein kann sowie Eierlöffel, die traditionsgemäß nicht aus Metall, sondern Perlmutt oder Horn gefertigt werden. Der Grund: Metall verändert den Geschmack des Eis auf der Zunge.

➔ Auch Spezialgabeln gibt es: Die Austerngabel ist breitzinkig und auf einer Seite angeschärft, um den Bart der Auster aus der Schale zu lösen. Die Pellkartoffelgabel ist eher eine „Anfasshilfe". Mit der extrem langen, zweizinkigen Fonduegabel garen Sie Fleischstückchen im Fonduetopf.

## Tischdekoration

Ohne entsprechende Dekoration sieht die schönste Tafel eher leer aus. Es müssen nicht immer Blumen und Kerzen sein – alles mögliche eignet sich, gerade bei einer privaten Festlichkeit, zur Dekoration. Ihre Kreativität ist gefragt – und wer selbst nicht innovativ ist, findet in vielen Magazinen und Zeitschriften Anregungen ohne Ende. Dabei ist es nicht nötig, viel Geld auszugeben: Mit einfachsten Mitteln lassen sich witzig-originelle Ideen ebenso verwirklichen wie edle und extravagante Einfälle. Bei einer Feier im Freundes- oder Familienkreis „ohne Anlass", also weder zu einem kirchlichen noch persönlichen Festtag, gibt es Gestaltungsmöglichkeiten in zahllosen Variationen: Werfen Sie einfach einmal einen Blick in den Kalender und dann geht's los! Während des Jahres gibt es eine ganze Menge Tage, die Sie mit ein bisschen Fantasie zu einem ganz besonderen Ereignis machen können, an das Ihre Gäste noch lange denken werden.

Fast alles eignet sich, um als Dekoration verwendet zu werden: Papier, Bänder und Stoffe, Obst und Gemüse, Nudeln und Gewürze, Kräuter und Nüsse, Steine oder Murmeln, Zweige, Blüten und Blätter, selbst Zeitungsschnipsel oder Alufolie – wirklich alles. Wenn Sie zwei Dinge beachten:

→ den Platz, der Ihnen auf der Tafel zur Verfügung steht: Es macht niemandem Spaß, an einem völlig überfüllten Tisch zu sitzen, so schön die Dekoration auch sein mag. Das Wichtigste sind Speisen und Getränke sowie das jeweilige Gedeck. Also: Weniger ist manchmal mehr!

→ die Augenhöhe: Kein Arrangement – auch nicht Blumen und Kerzen – darf die Sicht der Gäste aufeinander und damit die Unterhaltung beeinträchtigen. Blumen müssen nicht nach oben ragen: Blüten wirken auch auf flachen mit Wasser gefüllten Schalen, Kerzen kann man als Schwimmkerzen auf Tellern schweben lassen.

Funkelnde Trinkgläser auf dem Tisch sind schon ein schöner Anblick. Aber man kann auch die Gläser selbst dekorieren: etwa mit kleinen Quasten, Bändern, Kordeln und Glitzerperlen, die sich dekorativ an den Gläsern befestigen lassen. Man dekoriert schön gefaltete Servietten in die Gläser, bringt Tischkarten an, verziert sie mit Blättern und Blüten. Selbst der Inhalt kann zum schmucken Blickfang werden: Frieren Sie Miniblüten in Eiswürfel ein, lassen Sie die ungespritzte und in Spiralen geschnittene Schale von Zitrusfrüchten herauskringeln – Sie sehen: Auch hier sind Ihrer Fantasie keine Grenzen gesetzt ...

## Tischkarten

Bei einer Tafel von mehr als zehn Personen sind sie fast ein Muss, bei weniger Gästen ein „Kann“: Tischkarten sind nicht nur eine Hilfestellung für die Gäste, sondern zudem ein schönes Element der Dekoration. Sie können die Karten originell gestalten und dann auf dem Teller oder am oberen Ende des Gedecks aufstellen. Der Vorteil bei Tischkarten ist: Jene Gäste, die sich nicht kennen, wissen, wer neben ihnen sitzt und können denjenigen auch mit Namen ansprechen. Selbstverständlich achten Sie darauf, dass die Karten mit dem anderen Tischschmuck – also Blumen, Geschirr, Besteck und Tischwäsche – harmonieren.

# Kerzen

Zu einer festlichen Tafel gehört das warm schimmernde Licht von Kerzen: Es ist stimmungsvoll, spiegelt sich in Gläsern, Porzellan und Besteck wider und sorgt für den nötigen Glanz. Traditionell dekoriert man eine offizielle Tafel mit Kerzen in hoher, konischer Form. In weiß oder zartem pastell passen sie an jeden Tisch. Wo es angebracht und passend erscheint, kann man durchaus zu kräftigeren Farben greifen. Achten Sie beim Eindecken lediglich darauf, dass die Kerzen so stehen, dass sie die Sicht der Gäste untereinander nicht behindern und niemand durch die Kerzenflamme geblendet wird. Damit alles klappt, hier ein paar Tipps:

Blumendekorationen dürfen nicht zu stark duften: Sonst werden die Aromen von Speisen und Getränken beeinträchtigt.

→ Stellen Sie Kerzen unbedingt auf einer ganz geraden Fläche auf, damit sie nicht einseitig abbrennen.

→ Damit Sie die Tischwäsche vor Flecken schützen, verwenden Sie Kerzenleuchter mit entsprechender Tropfschale.

→ Bringen Sie Kerzen und Dekoration so an, dass selbst beim Herunterbrennen nichts Feuer fangen kann.

→ Mehrere Kerzen nebeneinander müssen ausreichend Abstand haben: Sonst werden sie zu warm und verbiegen sich. Außerdem brennen sie schneller ab.

→ Achten Sie auf Zugluft: Die Kerzen fangen an zu tropfen und können rußen.

→ Vorsicht: Kerzen dürfen niemals unbeaufsichtigt angezündet werden und brennen!

→ Achtung: Auch wenn Sie persönlich nichts mehr lieben als Kerzen, die den Duft verschiedener Aromastoffe verströmen, verschonen Sie Ihre Gäste damit – auch Duftkerzen beeinträchtigen den Geschmack von Speisen und Getränken, und es soll schließlich nicht alles nach Zimt, Vanille oder Orange duften!

# Besteck & Serviette

Unsere mitteleuropäische Esskultur ist nicht sehr alt. Die Etikette bei Tisch entwickelte sich erst langsam – zuerst sicherlich an den Höfen des Adels, danach beim Bürgertum, in den Städten, und zuletzt eben auch beim „normalen“ Volk, also beim modernen „Otto Normalverbraucher“. Auf dem Land war es noch am Anfang des 20. Jahrhunderts durchaus üblich, dass Bauer und Bäuerin sich gemeinsam mit Knechten und Mägden um den Tisch versammelten und alle zusammen aus einer Schüssel aßen. Allerdings nicht mehr mit drei Fingern (wie unsere Vorfahren und heute noch der Großteil der Menschheit), sondern mit dem Löffel. Sicher benutzte man vor 100 Jahren auch schon die Gabel, selbst wenn dieses Esswerkzeug sich erst spät und als letztes durchgesetzt hat. Erst seit der Zeit nach dem Zweiten Weltkrieg sind die Tischregeln für die breite Masse der Normalfall.

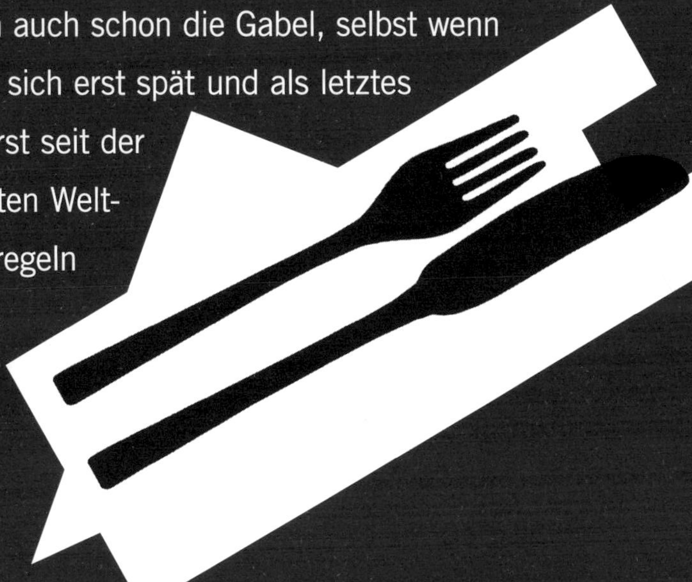

## Der richtige Umgang mit dem Besteck

Das dreiteilige Besteck aus Messer, Gabel und Löffel, so wir es heute kennen und benutzen, gibt es erst seit ein paar hundert Jahren. Bis dahin aß man ausschließlich mit einem Löffel. Das Messer wurde zum Schneiden größerer Fleisch- oder Fischstücke benutzt, möglicherweise schob man kleinere Brocken auf den Löffel oder stocherte auch mal mit der Messerspitze zwischen den Zähnen. Auch deshalb waren die Messer spitz. Abgerundete Tafelmesser wurden erst am Hofe des Sonnenkönigs (1638-1715) eingeführt. Und das hatte einen handfesten Grund: Selbst beim Adel ging es durchaus nicht gesittet zu. An der Tafel des französischen Königs Ludwig XIV. bedrohten sich die Tischgenossen bisweilen mit ihren Messern ...

Etwa seit dem 17. Jahrhundert isst man nun mit Messer und Gabel – Zeit genug also, um entsprechende Benimmregeln für den Umgang mit dem Besteck zu entwickeln. Es gibt solche „Vorschriften" auch. Nur: Wenn man sich heute manchmal umsieht, und das nicht nur im privaten Bereich, sondern auch in der Öffentlichkeit, scheint es eine leider sehr komplizierte Wissenschaft zu sein, wie man Messer und Gabel richtig benutzt, wie man alle Besteckteile richtig hält. Kaum jemand isst „manierlich", vielen ist anscheinend nicht bekannt, wie man damit richtig hantiert.

Bei allen Besteckteilen werden vom Griff immer nur die oberen zwei Drittel in der Hand gehalten. Weder Messerschneide noch Gabelzinken oder Löffelwölbung werden mit den Fingern berührt.

## Das Messer

Selbst wenn Sie es immer wieder anders sehen und Ihre Mitmenschen Sie von einer anderen Handhabung überzeugen wollen – etwa weil sie „vornehmer" sei: Es gibt nur eine einzige Form, wie Sie Ihr Messer richtig halten. Und zwar so:

➔ Sie greifen von oben zu. Der Zeigefinger liegt oben auf dem Griff und übt so beim Schneiden auf die Messerklinge Druck aus.

➔ Daumen und Mittelfinger dienen dazu, das Messer in der richtigen Balance zu halten.

Auch wenn Sie nicht schneiden, sondern mit dem Messer schieben, ist dies der einzig richtige Griff. Das Messer wird nämlich nicht wie ein Bleistift in der Beuge zwischen Daumen und Zeigefinger gehalten. Selbst wenn man das bei vielen Menschen sieht – es ist falsch!

Es sollte zwar selbstverständlich sein, aber trotzdem sei der Hinweis gestattet (denn man kann das durchaus auch in guten Restaurants beobachten): Das Messer wird niemals zum Mund geführt – es dient ausschließlich zum Schneiden und Zerkleinern der Speisen.

**Beim normalen Gedeck finden Sie – außer für Spezialfälle – noch zwei andere Messer eingedeckt:**

→ Das Fischmesser ist etwas anders geformt wie das „normale“ Messer, wird aber genauso gehalten – also ebenfalls nicht in „Bleistiftmanier“. Mit dem Fischmesser wird eigentlich nicht geschnitten, denn Fisch hat ja eine andere Konsistenz als Fleisch. Deshalb dient es eher zum Zerteilen. Wenn kein Fischbesteck vorhanden ist, zerteilt man Fisch mit zwei Gabeln. Niemals mit einem „richtigen“ Messer.

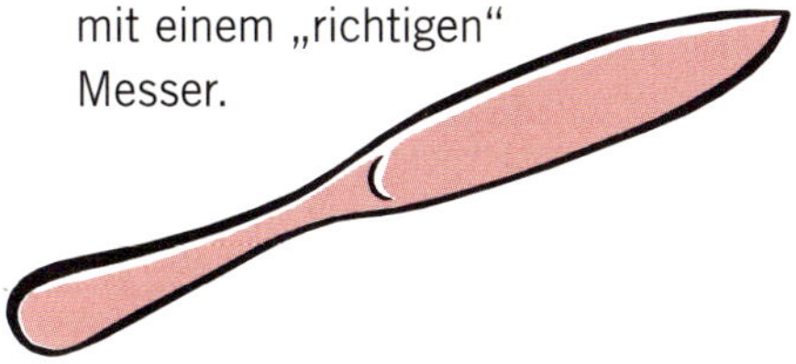

→ Das kleine Buttermesser auf dem Brotteller wird nicht zum Zerteilen der Speisen benutzt und auch nicht zum Aufschneiden eines Brötchens: Es dient nur dazu, Butter oder Schmalz aufs Brot zu streichen.

## Die Gabel

Die Gabel führt man immer so zum Mund, dass sie eine waagerechte Linie bildet. Optimalerweise sogar so, dass sie noch ein wenig nach unten geneigt ist. Selbst wenn Sie schwierige Nahrungsmittel wie z.B. Erbsen zu sich nehmen, selbst wenn Sie Sauce aufnehmen – mit dieser Gabelhaltung meistern Sie das alles problemlos. Die Gabel wird ähnlich wie das Messer gehalten – ebenso niemals wie ein Schreibgerät. Es gibt jedoch zwei unterschiedliche Varianten, wie Sie richtig mit der Gabel umgehen:

→ Sie wollen etwas festhalten oder aufnehmen? Dann liegt der Zeigefinger mit leichtem Druck auf dem Griff, Daumen und Mittelfinger dienen zur Balance.

→ Sie wollen Beilagen wie Reis oder Kartoffeln, Nudeln oder Gemüse essen? Dann dreht man die Gabel um. Der Stiel ruht dann in der Beuge zwischen Daumen und Zeigefinger.

Bitte benutzen Sie die Gabel niemals, um etwa einzelne Erbsen oder andere kleine Nahrungsmittel auf dem Teller „herumzujagen“ und dann, vielleicht sogar mit Schwung, aufzuspießen.

Elegant und gekonnt machen Sie es, wenn Sie solch „schwierige“ Speisen auf die umgedrehte Gabel geben und zum Mund führen. Ein Balanceakt – aber erlernbar! Man häuft die Gabel übrigens niemals so voll, dass etwas herunterfällt oder Sie die „Ladung“ nur mit weit aufgerissenem Mund bewältigen können. Absolut verboten: die Gabel in der geballten Faust zu halten und die Speisen regelrecht aufzuspießen!

## Der Löffel

**Mit diesem Essgerät kann man kaum etwas verkehrt machen – zumindest nicht in der Haltung.**

➔ Der Löffelstiel liegt in der Beuge zwischen Daumen und Zeigefinger. Und zwar so, dass die Wölbung, mit der Sie die Speisen aufnehmen, von Ihren Fingern gut ein Drittel des Löffelstiels entfernt ist.

Selbstverständlich schöpfen Sie den Löffel nicht so voll, dass die Suppe überschwappt, alles wieder auf den Teller kleckert und Sie dabei großzügig Spritzer auf Brust und Tischtuch verteilen. Es gibt – neben dem Suppenlöffel – möglicherweise noch andere Löffel an Ihrem Platz:

➔ Der Gourmetlöffel ist besonders flach und dient zum Aufnehmen von Sauce. Manchmal wird dieser Löffel auch anstatt des Fischmessers eingedeckt. Und man findet ihn manchmal auch als Esswerkzeug fürs Dessert.

➔ Kaffee- und Mokkalöffel werden zum entsprechenden Getränk nach dem Essen gebraucht. Bitte: Rühren Sie Ihr heißes Getränk nicht voller Tatkraft, bis es kalt ist. Ein, zwei Umdrehungen, und die bitte nicht zu heftig – das Getränk soll in der Tasse bleiben. Und bitte auch leise: Es muss nicht der ganze Tisch mitbekommen, dass Sie laut klappernd einen Kaffee oder Espresso genießen.

## Was machen Linkshänder?

Glücklicherweise müssen Kinder heute nicht mehr ausschließlich die „schöne“, also die rechte Hand benutzen. Linkshänder werden nicht „umerzogen“: Sie dürfen das Besteck in der Hand halten, in der sie es am besten handhaben können. Das heißt aber nicht, dass man vor dem Essen an seinem Platz erst einmal alle Besteckteile „umtauscht“. Bitte wechseln Sie bitte nur das benötigte Besteckteil beim jeweiligen Gang in die Ihnen angenehmere Hand. Dasselbe machen Sie auch mit Spezialbestecken, z.B. für Schnecken. Auch Fingergerichte dürfen Sie „mit links“ essen.

## Wenn Sie beim Essen eine Pause einlegen ...

Zu einem gepflegten Essen gehört, dass man es mit Genuss verspeist. Und nicht etwa einfach in sich hineinschaufelt. Ob Sie zu zweit essen oder in Gesellschaft: Pausen sind unumgänglich – fürs Tischgespräch oder für Getränke. Wenn Sie zum Glas greifen, legen Sie das Besteck aus der Hand. Alles andere – etwa in der linken Hand die Gabel mit dem nächsten Bissen zu halten und mit der rechten gierig nach dem Glas zu angeln – wäre unpassend. Und auch nicht gerade gesund: Denn nur wer mit Muße isst und genießt, ist ein Gourmet und kein Gourmand (das ist das französische Wort für Vielfraß). Hin und wieder also werden Sie während des Essens Ihr Besteck aus der Hand legen. Beachten Sie dabei, dass Messer und Gabel so abgelegt sind, dass Ihr Besteck auf dem Teller gekreuzt ist. Die Gabelzinken liegen über der Messerschneide. Beides kann durchaus in die Speisen ragen.

Leider legen die meisten Menschen das Besteck anders ab – aus Gedankenlosigkeit oder weil es auf die Schnelle so praktischer zu sein scheint. Nämlich so, dass die Griffe auf der Tischdecke aufliegen und die Schneide bzw. die Zinken rechts und links auf dem Tellerrand gestützt werden.
Das birgt aber zwei „Gefahren“: Gabel oder Messer können leicht abrutschen und hinterlassen dann hässliche Flecken auf dem Tischtuch, Speisereste oder Sauce können herabtropfen. Und zum Zweiten: An einer Tafel, bei der die Plätze eng eingedeckt sind, wird Ihr Tischnachbar möglicherweise durch weit herausragende Besteckteile gestört.

Eine alte Regel besagt: Besteck, das den Tisch einmal verlassen hat, weil Sie es zum Essen in die Hand genommen haben, darf nicht mehr mit dem Tisch in Berührung kommen. Es gibt allerdings – im privaten Bereich! – eine Ausnahme: das Messerbänkchen.

## Lange verpönt, aber wieder in Mode: Messerbänkchen

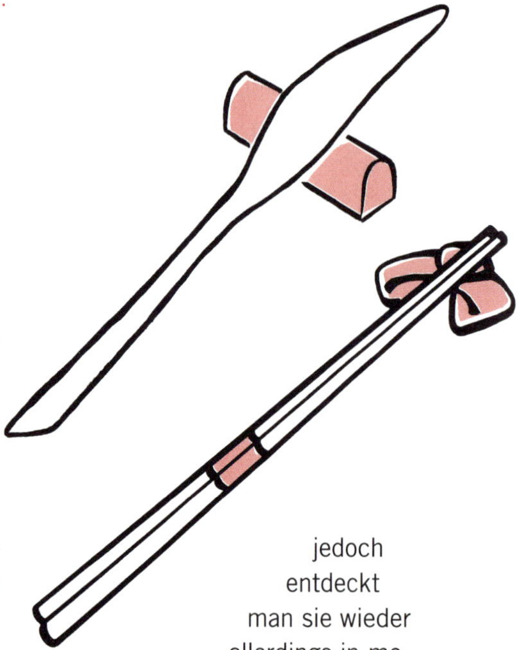

Im Restaurant oder bei einem offiziellen Essen wird man sie nicht finden. Daheim aber sind Messerbänkchen gar nicht so unpraktisch – vor allem, wenn Sie ein Menü mit mehreren Gängen servieren, aber nicht genügend Besteck Ihr Eigen nennen. Die Idee stammt aus einer Zeit, in der es mühsame und schwere Arbeit war, große Leinentischtücher zu waschen und zu stärken. Man wollte seine Tafelwäsche deshalb zwei oder drei Mal benutzen. Mit Flecken war das jedoch ein Ding der Unmöglichkeit! Messerbänkchen sind also eine gar nicht so unpraktische Erfindung: Machen sie es doch möglich, dass man sein Besteck ablegen kann, ohne das Tischtuch zu beschmutzen. Das Besteck liegt auf einem Messerbänkchen etwa an der Stelle auf, wo der Griff in die Klinge bzw. den Essteil von Löffel und Gabel übergeht; das Ende des Griffs ruht auf dem Tisch, das Vorderteil ragt über in die Luft.

Etwas dem Messerbänkchen Ähnliches gibt es in China und Japan. Zu Sushi z.B. wird das „Hashi oki“ eingedeckt, ein kleines Bänkchen aus Keramik. Man legt die Spitzen seiner Stäbchen darauf ab.

Allerdings galten Messerbänkchen lange Zeit als altmodisch und hoffnungslos spießig. Heute jedoch entdeckt man sie wieder – allerdings in moderner Form. Während man früher verspielte, uns kitschig vorkommende Formen hatte (z.B. Tiere, Blumen oder Häuschen aus Silber und Porzellan), gibt es heute klare und schlichte Designs: Klassisch ist ein Querstab zwischen zwei „Füßen“ in Form eines X.

## Im Restaurant lässt man das Besteck „sprechen“

Wer im Restaurant oder während eines offiziellen Essens pausiert, muss die Bestecksprache kennen. Das ist einfach, und gut ausgebildete Restaurantfachkräfte wissen an Hand der Lage der einzelnen Besteckteile, was Sie wünschen:

➔ Sie haben Ihre Mahlzeit noch nicht beendet, sondern machen nur eine kleine Pause? Dann legen Sie Ihr Besteck gekreuzt auf den Teller.

➔ Dasselbe gilt, wenn man Ihnen nachservieren soll.

➔ Sie haben fertig gegessen? Dann legen Sie Messer und Gabel parallel nebeneinander: das Messer über der Gabel, die Schneide zeigt zur Gabel hin, ein eventuell vorhandener Gourmetlöffel oberhalb des Messers. Das Servicepersonal weiß Bescheid, bietet Ihnen auch keinen „Nachschlag" an, sondern nimmt Ihren Teller vom Tisch.

➔ Fälschlicherweise findet man doch tatsächlich in einigen Benimmbüchern die Regel, man könne und solle das Essen mit der Besteckssprache „bewerten". Das ist nicht so! Erstens wäre es nicht besonders höflich, und zum Zweiten kennt kaum jemand diese seltsame Sitte, das Besteck in einer anderen Position als „fünf Uhr" könnte eine negative Kritik sein.

## Die Serviette

Servietten werden bei einem großen Essen immer aus Stoff sein. Sie sind – das sehen Sie in diesem Buch – ein ausgesprochen dekoratives Element auf dem perfekt gedeckten Tisch. Natürlich ist das nicht die einzige Aufgabe: Servietten dienen zur Reinigung des Mundes und als – Signalgeber.

➔ Mit dem Entfalten seiner Serviette gibt der Gastgeber das Zeichen zum Beginn des Essens. Ist die Hausherrin anwesend, ist dies ihre Aufgabe.

➔ Mit dem Ablegen der Serviette nach dem Essen hebt der Gastgeber – beim Essen im privaten Kreise: die Dame des Hauses – die Tafel auf und beendet das Essen „offiziell".

Erst wenn der Gastgeber dieses Zeichen gibt, „dürfen" Sie ebenfalls handeln. Es wäre bei einem feierlichen Essen unhöflich, dem Gastgeber vorzugreifen.

➔ Bei der Eröffnung der Tafel nehmen Sie die Serviette und entfalten sie.

➔ Wird die Tafel dann aufgehoben, legen Sie – ebenfalls nach

Bei Vorspeisen, Suppen und Nachtisch gilt: Benutzte Besteckteile werden immer auf dem Unterteller abgelegt. Der Löffel bleibt also nicht in der Suppentasse oder im Eisbecher stehen. Das kleine Buttermesser bleibt auf dem Brotteller.

Am besten legen Sie die Serviette einmal gefaltet auf den Schoß: mit der offenen Seite zum Körper, damit Sie den Mund mit der Innenseite abtupfen können.

dem Gastgeber – die Serviette links neben Ihrem Platz auf den Tisch. Übrigens deutlich entgegen dem Originalkniff gefaltet – so ist klar: Sie haben das Mundtuch benutzt und es kann in die Wäsche.

Wissen Sie übrigens, woher der Begriff „die Tafel aufheben“ kommt? Er stammt noch aus dem Mittelalter. Damals stellte man als Tisch einfach einen Holzbock auf, über den ein großes Brett gelegt wurde. War das Essen beendet, trug man das ganze Brett samt Geschirr und Speisen nach draußen. Man hob die Tafel also auf.

## Servietten falten ist (k)eine Kunst

Es gibt die unterschiedlichsten Falttechniken, und manche erinnern fast an Origami, die alte japanische Kunst des Papierfaltens. Sie müssen nicht alle beherrschen – das ist für jeden Auszubildenden in Restaurant oder Hotel ein Extra-Lehrfach. Aber mit ein paar kleinen Tricks verwandeln Sie das schlichte Stückchen Stoff (oder Vlies) in einen dekorativen Tischschmuck. Einige einfachere Modelle stelle ich Ihnen hier vor – Sie finden im Buchhandel und im Internet jedoch viele weitere Anregungen und Formen.

## Servietten falten: Einfacher Tafelspitz

Dies ist eine sehr einfache Serviettenform, aber dennoch optisch wirkungsvoll. Wenn Sie nur wenig Zeit haben, machen Sie dennoch Eindruck damit – mehr als wenn Sie die Serviette lediglich links vom Teller platzieren.

So wird's gemacht: Sie legen die Serviette einmal zusammen, dann haben Sie ein Rechteck vor sich. Die jeweils oberen Ecken

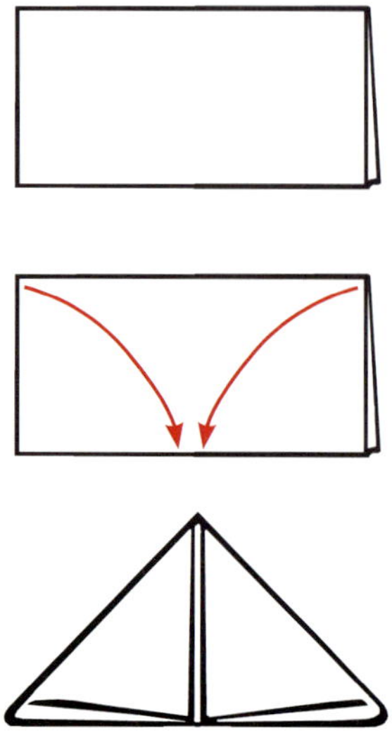

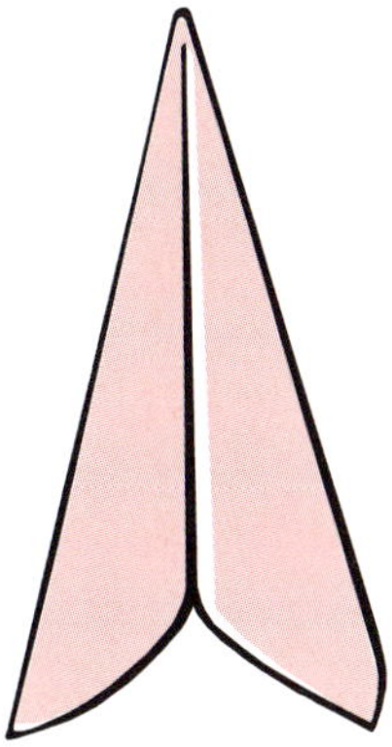

legen Sie nun vorsichtig rechts und links zur Basismitte. Bitte beachten Sie: nur legen, nicht knicken oder scharf falten! Nur so entsteht eine schöne Rundung. Aufbewahren lassen sich in den Tafelspitz gefaltete Servietten am besten, wenn Sie gleich ein paar machen und etwa 12-15 Stück in Kreisform aufbauen.

## Servietten falten: Dreifacher Tafelspitz

Der dreifache Tafelspitz ist etwas komplizierter, aber dennoch auch für einen Anfänger zu schaffen.

So wird's gemacht: Die Serviette ebenfalls einmal falten, so dass ein Rechteck entsteht. Die

obere Lage des Rechtecks legen Sie nun nach links auf die linke untere Ecke. Biegen Sie dabei die obere rechte Ecke sanft nach unten. Nun ist ein „Ohr" entstanden – das legen Sie nach rechts. Die linke Seite nun wie beim einfachen Tafelspitz einschlagen. Auch bei der dreifachen Spitze nichts gerade streifen oder gar knicken. Eine schöne runde Form – hier eben in dreifacher Ausfertigung – muss erhalten bleiben.

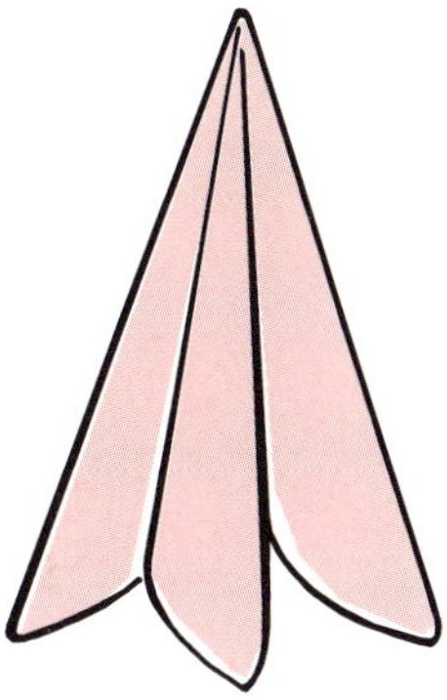

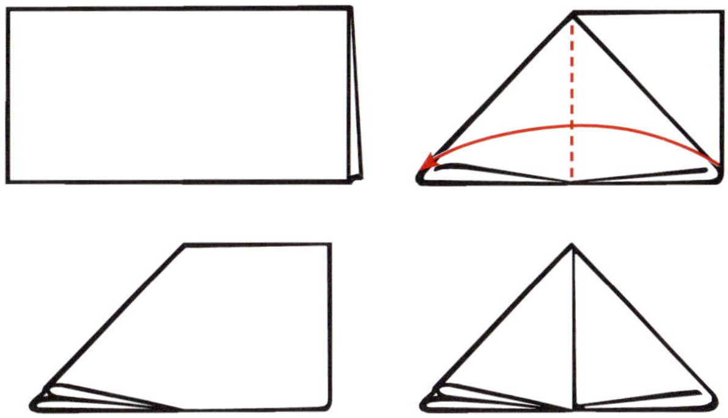

## Servietten falten: Hut

So wird's gemacht: Falten Sie die Serviette entlang des Mittelknicks zu einem Rechteck. Sie haben nun zwei Lagen – die eine obere falten Sie mit der Mitte nach unten, so dass ein Dreieck entsteht. Die rechte Hälfte schlagen Sie nach links über dieses Dreieck. Dann halten Sie die

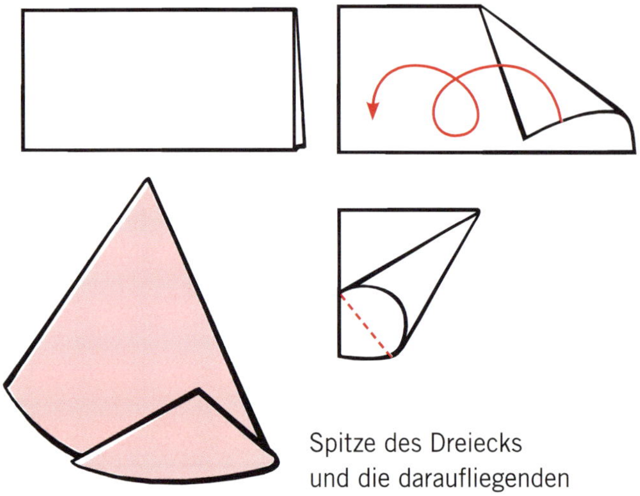

Spitze des Dreiecks und die daraufliegenden zwei Lagen fest zusammen und schlagen alles nach oben um. Nun drücken Sie den letzten Knick fest an und stellen den „Hut“ auf.

## Servietten falten: Einfacher Fächer

So wird’s gemacht: Sie falten die Serviette einmal in der Mitte, so dass ein Rechteck entsteht. Danach legen Sie die beiden Lagen bis über die Mitte in Ziehharmonika ähnliche Streifen. Drehen Sie die Serviette nun um und falten Sie die andere Hälfte ebenfalls in Ziehharmonikastreifen, allerdings längs. Damit der Fächer steht, jetzt einen „Fuß“ herstellen, indem Sie die obere Kante zum Dreieck nach unten falten. Unten sollten etwa zwei Zentimeter Rand überstehen.

## Servietten falten: Kerze

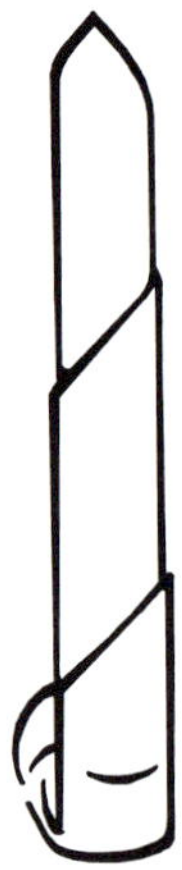

So wird’s gemacht: Breiten Sie die Serviette aus und falten Sie sie dann diagonal zu einem Dreieck. An der unteren Seite schlagen Sie einen Rand von etwa zwei Zentimetern nach oben um. Danach wenden Sie das ganze Stück und rollen die Serviette auf. Beginnen Sie dabei an einer Spitze. Der freie Ende am Schluss fixieren Sie hinter dem Rand (einfach hineinstecken), und stellen die Kerze dann auf.

Diesen Rand falten Sie nach hinten weg – so hat der Fächer Standfestigkeit.

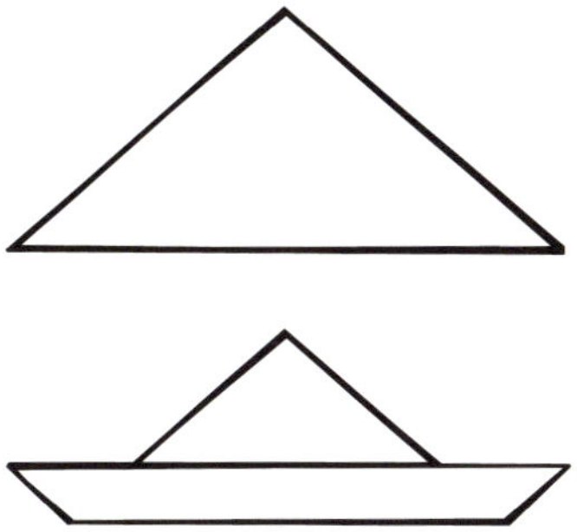

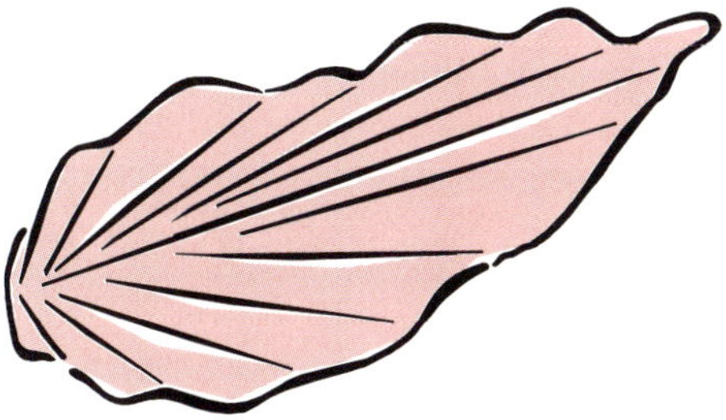

## Servietten falten: Palmwedel

So wird's gemacht: Sie falten die ausgebreitete Serviette diagonal zur Hälfte und legen das jetzt entstandene Dreieck in Ziehharmonikafalten. Wenn Sie die entstandene Form so in der Mitte falten, dass sich die längeren Seiten in der Mitte treffen, bekommen Sie automatisch einen Palmwedel.

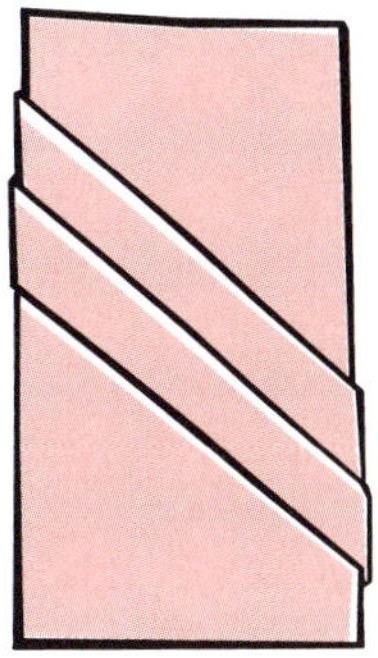

## Servietten falten: Kuvert

So wird's gemacht: Sie falten die Serviette zwei Mal – jetzt haben Sie eine quadratische Form mit vier Lagen. Legen Sie das Quadrat so hin, dass die offenen Spitzen rechts oben liegen. Jetzt schlagen Sie die erste Lage zur Mitte hin um, danach noch einmal. Jetzt müsste die Kante genau über die Diagonale verlaufen. Dasselbe machen Sie dann mit der zweiten Lage – und schieben die Ecke dieser Lage unter die Diagonale der ersten Lage. Die geraden Seiten der Serviette links und rechts falten Sie einfach nach hinten – so ist eine Tasche entstanden. Darin kann man beispielsweise Besteck unterbringen, oder aber auch eine hübsch verzierte Menükarte, frische Blüten zur Dekoration und viele weitere schmückende Kleinigkeiten.

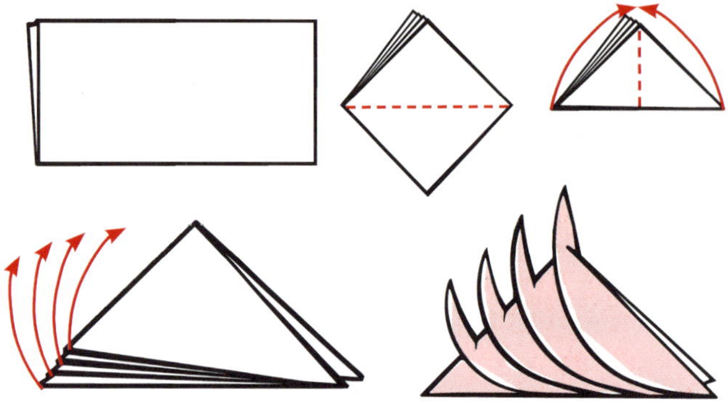

## Servietten falten: Schiffchen

Einfach, aber sehr hübsch: Falten Sie die Serviette nicht auf. Legen Sie die Spitze mit den vier Lagen diagonal nach oben. So erhalten Sie ein Dreieck. Nun falten Sie die rechte und die linke Ecke auf die Mittellinie hin. Die überstehenden Ecken werden nach hinten weggefaltet und die so an der unteren Seite entstandene Spitze wird nach hinten geklappt. Jetzt blättern Sie die einzelnen Lagen auf.

## Servietten falten: Lilie

So wird's gemacht: Sie gehen von der offenen Seite der Serviette aus. Zuerst falten Sie die Spitzen diagonal aufeinander, so dass ein Dreieck entsteht. Dann falten Sie erst die rechte Ecke nach oben, dann die linke. So entsteht ein Quadrat. Jetzt werden etwa zwei Drittel der unteren Spitze nach oben gefaltet, und dann falten Sie die Spitze wieder zur Basis. Achten Sie darauf, dass die Spitze nicht übersteht, da die Serviette sonst nach hinten kippt. Nun stecken Sie die Serviette nach hinten zusammen. Formen Sie die Serviette zur Stabilisierung mit den Händen rund nach. Die oberen Spitzen werden nach links und rechts aufgeplustert.

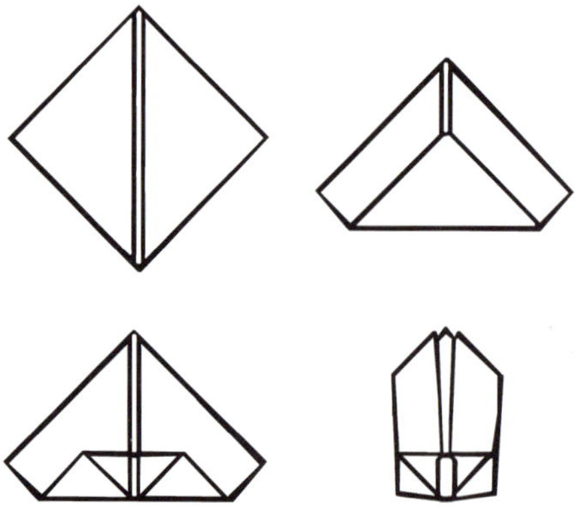

Die meisten Gerichte haben feste Namen – so kann sich jeder etwas darunter vorstellen: Sie wissen, was ein „Wiener Schnitzel" ist und dass die französische Fisch-

# Die Speisenfolge

suppe „Bouillabaisse" heißt. Wenn Sie auf einer Speisekarte „Forelle blau" finden, ist Ihnen genauso klar, was das ist, wie wenn Sie zum Dessert eine „Birne Helene" bestellen. Prinzipiell versteht man unter „Gericht" stets eine Speise aus mehreren, gegarten oder wenigstens bearbeiteten Zutaten. Ein Menü setzt sich aus mehreren Gerichten zusammen.

In jedem Menü gibt es das Hauptgericht – den wichtigsten Bestandteil einer mehrgängigen Speisefolge. Wer öfter in einem bestimmten Lokal sein Mittagessen einnimmt, kennt vielleicht auch den Begriff Tagesgericht: ein täglich wechselndes Essen, das der Koch anbietet, im Gegensatz zum Stammgericht oder Stammessen, das ständig auf der Karte steht, das man oft sogar ohne Speisekarte bestellen kann.

Als Nationalgericht bezeichnet man das „typische Lieblingsgericht" eines Landes: etwa Weißwürste und/oder Schweinsbraten für Bayern, Tafelspitz für Österreich, Züricher Geschnetzeltes mit Rösti für die Schweiz.

Oft wird der Name eines Nationalgerichts als Spitzname für die Bewohner hergenommen: Wir Deutschen heißen „Krauts", weil uns nachgesagt wird, dass Sauerkraut unser Nationalgericht sei. „Spagettis" nennt man bei uns oft – unscharmanterweise! – italienische Staatsbürger.

In der Gastronomie sind heute vor allem Tellergerichte üblich: also Speisen, die bereits portioniert auf dem Teller serviert werden.
Früher war das anders: Da gab es in jedem gutbürgerlichen Lokal und in jedem Speisesaal eines Hotels einen großen Braten, der den Gästen scheibenweise serviert wurde.

Im privaten Haushalt ist das selbstverständlich heute noch üblich: Kein Familienkoch wird sich hinstellen und seinen Lieben „à la carte" auf dem Teller servieren.

## Die richtige Zusammenstellung eines Menüs

Ein gut zusammengestelltes Menü – ganz gleichgültig, ob Sie ein kleines Gedeck oder ein großes Bankett bestücken wollen – muss sich an bestimmte Regeln halten. Sie werden dabei auf Abwechslung achten und auch darauf, dass die einzelnen Gerichte zusammenpassen. Wenn Sie in einem guten Restaurant ein Menü bestellen, wird der Küchenchef genau darauf geachtet haben, dass alles wie ein Musikstück komponiert wurde.

Ein Menü stellen Sie am besten so zusammen, dass sich Zutaten, Aromen, Zubereitungsarten und Farben unterscheiden. Denn gerade die Vielfältigkeit unserer Nahrungsmittel verführt dazu, die Speisenfolge so zu „komponieren", dass sich nichts wiederholt:

→ Sie haben als Vorspeise einen Salat mit Lachsstreifen geplant? Dann sollte das Hauptgericht nicht ebenfalls Lachs sein. Bei einem großen Menü darf es natürlich noch einen weiteren Fischgang geben – aber eben eine andere Sorte.

➔ Sie wollen Ihre Gäste mit einer Spargelcremesuppe verwöhnen? Dann sollte das Hauptgericht nicht ebenfalls mit heller Sauce zubereitet werden, sondern eher mit einer Fleischsorte, die dunkle Sauce erfordert.

Das heißt nun aber nicht, dass Sie nicht dem eigenen Geschmack und dem Ihrer Gäste folgen dürfen! Aber sicherlich wollen Sie doch mit einem festlichen Essen glänzen – und da sind eben ein paar „Richtwerte" zu beachten:

➔ Abwechslung ist gefragt! Achten Sie darauf, dass es nicht als Vorspeise einen Salat mit Putenbruststreifen gibt, danach eine Hühnerbrühe mit Einlage und als Hauptgang Entenbrust. Drei Mal Geflügel – das wäre wahrlich eintönig. Selbst wenn jedes Gericht für sich genommen eine Köstlichkeit ist.

Achten Sie auf einen gewissen Spannungsbogen: Drei milde, kontrastarme Speisen in Folge sind langweilig. Aber: Wenn der erste Gang ein sahniges und sanftes Aroma hat, der zweite eher säuerlich schmeckt und der dritte dann würzig-scharf – dann haben Sie eine perfekte, „spannende" Zusammenstellung gefunden.

➔ Steigerung ist wichtig! Zarten und eher mild schmeckenden Speisen folgen kräftigere Gerichte. Zu Beginn vielleicht eine feine Cremesuppe und danach ein würziger Braten mit kräftiger dunkler Sauce.

➔ Niveau beachten! Nichts ist dagegen einzuwenden, wenn Sie bei der Zubereitung nicht alles perfekt selbst machen, sondern aufs Angebot von Convenience Food zurückgreifen (zumindest zu Hause, im 3-Sterne-Lokal sieht das anders aus!) und dieses eventuell „aufpeppen".

Aber: Ihr Menü passt nicht, wenn Sie als Vorspeise ein sehr zeit- und arbeitsintensives Gericht zubereiten, dafür aber beim Hauptgang auf Pizza aus der Tiefkühltruhe zurückgreifen.

Das ist natürlich ein Extrembeispiel – aber Sie wissen sicher, worum es mir geht. Auch Rustikales wie etwa Chili con Carne und als Vorspeise edle Austern passen nun mal nicht zusammen.

**Außerdem beachtet man ganz allgemein bei der Menüplanung:**

➔ Kalte Gerichte werden normalerweise vor warmen Speisen serviert.

➔ „Schwere", also reichhaltige Speisen werden stets nach leichten Gerichten serviert.

➔ Fleisch gibt es immer nach dem Fisch. Dabei gibt es aber Ausnahmen: Kleine Ragouts (z.B. eine Königinpastete) oder kalte Fleischgerichte können vor dem Fisch gereicht werden. Und: Gibt es einen „großen Fischgang", ist Fleisch ebenfalls die „Nebensache".

➔ Bei mehreren Fleischgängen serviert man das helle zuerst. Das heißt: Geflügel vor Lamm, Kaninchen vor Rind – und Wildbret immer am Schluss.

➔ Saucen dürfen sich nicht wiederholen. Man serviert also keine zwei Sahnesaucen hintereinander oder zwei klare Saucen innerhalb eines Menüs.

➔ Dasselbe gilt für Beilagen und Gemüse: Sie werden nicht zwei Mal Reis anbieten oder rohe Champignons im Salat und dann nochmals Pfifferlinge als „Gemüse" zum Wildbret.

In der modernen Küche ist es üblich geworden, die Suppe als ersten Gang vor dem Salat zu servieren. Diese Ausnahme zu Beginn eines Menüs ist heute erlaubt.

## Menüs mit Geschichte

Ob Kaiser oder König, Landadel oder Bischof: Es scheint uns heute, dass Schlemmerei, ja fast schon Völlerei früher an der Tagesordnung war. Wie sonst lassen sich die Menüfolgen erklären, die z.B. von den Fuggern zu Augsburg überliefert sind? Und die waren ja bekanntlich nicht mal von Adel, sondern „nur" Kaufleute und Pfeffersäcke – selbst wenn sie über sehr viel Geld verfügten. Aus zwei gedruckten Kochbüchern des 16. Jahrhunderts stammt dieses Fugger-Mahl:

➔ „Die erste Tracht (so nannte man früher den Gang eines Menüs): Rückenbraten vom Hirschen kalt; Indianische Hennen mit roten Rüben; Kawenada von der eynheimischen Sau; Ein Pasteten von ein wilden Schwein kalt; Von Allerley grünen Kräutern ein Salat, mit Blumen bestreut.

➔ Die ander Tracht: Ein Spenatsuppen; Hasen eingemacht fein Gelb; Hennen mit Limonien; Weiß Schwammen; Turtelets von Reis.

➔ Die dritte Tracht: Feigen fein ausgebacken; Käs und Nüss; Früchtepyramide; Konfekt".

Alles war da, wie heute bei einem modernen Menü: vom kalten Vorspeisengang über den warmen Hauptgang bis hin zu Dessert und Käse.
Selbst wenn man das nicht tagtäglich aß – ein Blick in die Rezeptbücher noch vor 100 Jahren zeigt uns, dass auch unsere bürgerlichen Vorfahren nicht viel von kalorienbewusster Kocherei hielten. 20 Eier auf einen Kuchen? Das war beinahe schon der Normalfall!

Am üppigsten wurde selbstverständlich an kaiserlichen Höfen gespeist – auch das zeigen Überlieferungen:
Am Kaiserhof von Mexiko wurden im 16. Jahrhundert allein für Montezuma II. täglich 300 Gerichte gekocht, und für den chinesischen König Tang schufteten noch im 18. Jahrhundert 2.271 Bedienstete in der Küche. Auch in Europa sparte man nicht unbedingt am Küchen- und Servierpersonal: Der englische König Richard II. (1367-1400) beispielsweise beschäftigte in der Küche 1.000 Köche und 300 Diener, um bis zu 10.000 Besucher des Hofes täglich bewirten zu lassen.

Dagegen nehmen sich die heutigen Staatsbanketts, selbst wenn sie an königlichen Höfen stattfinden, doch nun wirklich bescheiden aus. Allerdings nur in der Auswahl der Gerichte. Der Aufwand, der nötig ist, um einen hohen Staatsgast samt seinem gesamten Mitarbeiterstab zu verköstigen, dürfte ebenfalls nicht gering sein ...

## Die klassische Speisenfolge

In der klassischen Küche des 18. und weit bis ins 19. Jahrhundert war es üblich, mehrere Gerichte menüartig zum „table“ zusammenzustellen.
Bei größeren Anlässen wurden mehrere tables nacheinander serviert. Die Idee, wie ein Menü heute aufgebaut ist – ob mit drei, fünf oder mehr Gängen – stammt aus der Zeit des ausgehenden 19. Jahrhunderts. Die so genannte klassische Speisenfolge umfasste bis zu 13 Gänge. Sie werden allerdings heute kaum mehr serviert. Das wäre auch einfach zu üppig! Dennoch sollten Sie wissen, was dazugehört und in welcher Reihenfolge etwas serviert wird; dann fällt es Ihnen sicherlich auch nicht schwer, die Zusammenstellung Ihres eigenen, verkleinerten Menüs zu bewerkstelligen.

## Dreizehn Gänge und wie sie sich verändert haben

Wird innerhalb eines Menüs eine kalte Vorspeise gereicht, ist sie stets der erste Gang.

Nur selten werden bei uns heute noch dreizehn Gänge serviert. So manches Element hat heute im modernen Menü seinen Platz vertauscht. Da traditionell die Küchensprache französisch ist, habe ich jeweils in Klammern den entsprechenden Fachausdruck hinzugefügt:

1. Zur kalten Vorspeise (frz. „hors d'œuvre froid") gehören Speisen, die den Appetit anregen sollen – auf leichte und bekömmliche Weise. Selbstverständlich muss die kalte Vorspeise auf alle nachfolgenden Gerichte abgestimmt sein. Heute serviert man oft einen Krevettencocktail, Kanapees, Gemüse mit Dips.

2. Die Suppe (frz. „potage") ist der erste Auftakt einer Mahlzeit. Heute wird sie oft ersetzt durch Frucht- oder Gemüsesaft oder Salat.

3. Die warme Vorspeise (frz. „hors d'œuvre chaud") wird stets nach der Suppe gereicht. Dazu zählt man z.B. eine Quiche, Käseauflauf oder Gemüsegratin. Die Größe der Portion richtet sich danach, wie viele Gänge das gesamte Menü umfasst – je mehr, desto kleiner ist sie.

4. Zum Fischgang (frz. „poisson") rechnet man alle möglichen warmen Fisch-, Krusten- und Weichtiergerichte.

5. Die Hauptplatte (frz. „grosse pièce/relevé") besteht in der Regel aus großen Braten, die am Stück zubereitet wurden und die dann vor dem Gast oder in der Küche tranchiert werden.

6. Zum warmen Zwischengericht (frz. „entrée chaude") gehören alle Fleischstücke, die bereits vor ihrer Zubereitung geschnitten bzw. portioniert wurden. Das sind z.B. Rindsragout, Geschnetzeltes und ähnliche Gerichte.

7. Das kalte Zwischengericht (frz. „entrée froide") sind z.B. Aspiks, Galantinen, Pasteten und Terrinen sowie pikante Mousses – also kalte Gerichte aus Fleisch, Geflügel und Wild, aber auch aus Fisch, Krusten- und Schalentieren.

8. Sorbet (frz. „sorbet") wurde früher Eispunsch oder Scherbet genannt. Bei einem großen Festessen soll es zwischendurch erfrischen und die Verdauung fördern. In der modernen Spei-

senfolge kennt man Sorbet in ähnlicher Form ebenfalls, aber auch als Süßspeise.

9. Braten mit Salat (frz. „rôti, salade“) nennt man traditionell alle Gerichte, die im Ofen oder am Spieß gebraten werden. Dazu gibt es einen leichten Salat. Beispiele sind Spanferkel oder Lammkeulen.

10. Gemüse (frz. „légumes“) wird immer dann als Extragang serviert, wenn dabei ausgesuchte Gemüse bzw. Gemüsegerichte verwendet werden. Das ist z.B. der Fall bei Artischocken oder Spargel.

11. Süßspeise (frz. „entremets“) nennt man klassischerweise alle warmen, kalten und gefrorenen Süßspeisen, die der Pâtissier (also der Küchenkonditor) herstellt. Beispiele gefällig? Wie wäre es mit Apfelstrudel, Quarktorte oder einer Eisbombe?

12. Würzbissen (frz. „savoury“) nennt man alle kleinen, stark gewürzten und warmen Gerichte wie Käse- oder pikantes Blätterteiggebäck.

13. Zum Nachtisch (frz. „dessert“) zählen traditionell Käse, Früchte, Feingebäck oder Pralinen. Nicht – wie wir es heute gewohnt sind – eine Süßspeise. Feingebäck und Pralinen werden heute vor allem zum Kaffee gereicht.

Katharina und später Maria von Medici brachten die Kochkunst im 16. Jahrhundert nach Frankreich. Hier wurde diese am Hofe vor allem Ludwigs XIV. so perfektioniert und verfeinert, dass kaum jemand heute noch um den wahren Ursprung der „großen Küche“ weiß ...
Ob Italien oder Frankreich heute die bessere Küche hat ist schwer zu sagen. Jedes Land hat seine eigenen Raffinessen, und was besser schmeckt, entscheidet Ihr persönlicher Geschmack.

## Das moderne Menü

Heutzutage sind selbst große Festessen schlanker geworden. Das beginnt schon damit, dass wir nicht mehr jeden Tag Fleisch essen – nicht nur aus Diätgründen, sondern weil es einfach gesünder ist. Vom umfangreichen Angebot des traditionellen Menüs ist nur noch Folgendes übrig geblieben – und in der Tabelle sehen Sie, was eine moderne Speisefolge von der traditionellen unterscheidet:

| **Modernes Menü** | Klassisches Menü |
|---|---|
| **Kalte Vorspeise** | Kalte Vorspeise<br>Kaltes Zwischengericht |
| **Suppe** | Suppe |
| **Warme Vorspeise** | Warme Vorspeise<br>Fisch<br>Kleines warmes Zwischengericht<br>Gemüse<br>Würzbissen |
| **Hauptgericht** | Fisch<br>Hauptplatte<br>Warmes Zwischengericht<br>Kaltes Zwischengericht<br>Braten mit Salat<br>Gemüse |
| **Nachtisch** | Sorbet<br>Süßspeise<br>Nachtisch |

(Quelle: Philip Pauli, „Lehrbuch der Küche“)

Übrigens: Nicht immer wird Käse am Schluss eines großen Essens gereicht. Es kommt nämlich ein bisschen darauf an, was es zum Hauptgang gibt und vor allem, was dazu getrunken wird. Bei einem Fleischgericht, zu dem Sie schweren Rotwein serviert bekommen, folgt der Käse sofort – und danach erst die Süßspeise (wenn überhaupt). Denn Rotwein passt besser zum Käse.

Süßspeisen werden normalerweise mit Sekt bzw. Prosecco, Champagner oder Dessertwein verzehrt. Das allerdings passt nach einem großen Rotwein nicht unbedingt ...

## Und wie halten Sie es privat?

→ Wenn Sie mit Ihrem Partner oder der Familie essen, werden Sie nicht mehr als drei bis vier Gänge haben (und auch das nicht jeden Tag!): nämlich Vorspeise, Hauptgericht mit Beilagen wie Nudeln, Reis oder Kartoffeln, Salat, Dessert.

→ Ein festliches Mahl im (größeren) Familien- oder Freundeskreis ist schon umfangreicher: Sie sollten eine oder mehrere Vorspeisen, Suppe, Zwischengericht, Hauptgericht, Salat und/oder Käse sowie Dessert einplanen. Danach werden Sie Kaffee oder Espresso (Mokka) sowie feines Teegebäck oder Pralinen anbieten.

**Und wie sieht es mit der Größe der Portionen aus? Je mehr Gänge Ihr Menü hat, desto weniger servieren Sie bei jedem Gang. Bei einem Dreigangmenü rechnen Sie etwa so viel:**

→ Vorspeise oder Suppe: pro Person etwa 100 Gramm Fisch/Geflügel oder 250 Milliliter Suppe

→ Hauptgericht: höchstens 200 Gramm Fisch/Fleisch, 100 Gramm Gemüse und 50 Gramm Beilagen wie Nudeln, Kartoffeln oder Reis, dazu etwa 125 Milliliter Sauce

Käse wird immer vor der Süßspeise, also vor dem Nachtisch serviert. Das gilt auch heute noch.

## Unumgänglich fürs perfekte Menü: die richtigen Getränke

Klassischerweise gibt es immer noch Regeln, welchen Wein man am besten zu bestimmten Gerichten genießt. Im privaten Bereich müssen Sie sich nicht unbedingt daran halten – auch im Feinschmeckerrestaurant nicht. Wenn Sie Rotwein lieben, „dürfen" Sie einen leichten Roten auch zum Fisch genießen. Sie sollten aber wissen, wie es international traditionell zugeht. Genaueres über Getränke erfahren Sie in Kapitel 5. Hier nur in Kürze soviel:

➔ Folgen Sie den Gerichten im Menü! Ebenso wie Sie von leichten Speisen zu reichhaltigeren übergehen, steigern Sie sich bei den Weinen vom leichten Weißen bis hin zu schweren Rotweinen. Am Ende – nach dem ausgiebigen Essen – steht dann wieder etwas Frisches, z.B. Champagner.

➔ Bei einem kleinen Menü mit nicht mehr als drei Gängen kann man durchaus bei einem Wein bleiben. Verzehren Sie jedoch mehr als vier Gänge, sollten Sie auch beim Wein für Abwechslung sorgen.

➔ Einfacher Landwein – oder sogar Bier – passt zu deftigen und rustikalen Gerichten. Wenn Sie dagegen eher fein zubereitete Speisen genießen, sollten Sie sich einen entsprechenden Wein gönnen.

➔ International gilt immer noch: Zu hellen Speisen und hellem Fleisch serviert man Weißwein, zu dunklem Fleisch und Speisen mit dunklen Saucen gibt es eher Rotwein.

Vergessen Sie bitte aber nie diejenigen Gäste, die keinen Alkohol trinken, Kinder wie Erwachsene. Halten Sie stets eine Auswahl an Mineralwässern und Säften bereit!

## Service à la ...

Manchmal scheint es ein wenig verwirrend, wenn man sich in die „Fachsprache“ der Gastronomie und Hotellerie begibt. Wie schon erwähnt: Die Sprache des Kochens ist französisch – und das ist eigentlich falsch. Denn „erfunden“ haben das Ganze eher die alten Römer, und weiterentwickelt wurde die Kunst des Kochens von den Italienern. Im Jahr 1533 kam Katharina von Medici nach Frankreich – als Braut und spätere Gemahlin des französischen Königs Henri II. In ihrem Gefolge kam eine ganze Heerschar ausgebildeter Meisterköche in die heutige Metropole der feinen Küche.

**In der Gastronomie unterscheidet man vor allem zwei Arten des Service: den „Service à la carte“ und den „Service à part“. Aber es gibt noch ein paar weitere Einzelheiten, die Sie kennen lernen sollten:**

→ „Service à la carte“ heißt nichts anderes, als dass Sie und Ihre Gäste ganz individuell bestellen – was immer auf der Speisekarte steht.

→ Beim „Service à part“ dagegen bestellt eine Gruppe dasselbe – etwa ein Menü, aber auch z.B. nur denselben Hauptgang.

→ Beim „Tellerservice“ bekommt der Gast seine Speisen bereits auf dem Teller angerichtet serviert. Beilagenschüsseln gibt es also nicht.

→ Das ist beim „flankierenden Service“ anders: Hier hat der Gast sein bestelltes Gericht in einer kleinen Portion neben seinem Teller stehen und legt sich selbst auf.

Bei einem zwanglosen Essen mit Freunden servieren Sie am besten drei bis vier Gänge: Vorspeise, Hauptgericht, Salat und Dessert. Bieten Sie mehr als eine Beilage an und außerdem einen Käsegang.

→ Früher kannte man vor allem den „Service à la française“, bei dem es drei Gänge gab: zunächst Suppen, Hors d'œuvres (Vorgerichte) und Entrees (Eingangsgerichte), gefolgt vom Hauptgang mit Braten und Zwischengerichten und am Schluss die Platten mit Desserts aus der Konditorei. Große Stücke wurden von Dienern tranchiert und dann den Gästen vorgelegt.

→ Der „Service à l'anglaise“ war ähnlich dem französischen: Auch hier stand der erste Gang zu Beginn des Mahls bereits fertig auf der Tafel. Nicht Servicepersonal, sondern die Gäste halfen einander, sich zu bedienen.

→ „Deutscher Service“ bedeutet, dass die Gäste die Beilagen selbst herumreichen. Alle Teller und Platten stehen direkt auf dem Tisch, dort werden auch große Braten tranchiert.

→ Für uns äußerst ungewöhnlich ist der „amerikanische Service“: Alle Gerichte werden auf einem Teller serviert, also Vor-, Zwischen- und Hauptgericht.

(Quelle: Margarete Payer, Internationale Kommunikationskulturen - Kulturelle Faktoren: Essen, Trinken, Geselligkeit, Tischsitten und Gastlichkeit)

## Heute noch üblich: der „Service à la russe“

Wer einmal beobachtet hat, mit welcher Perfektion eine gut ausgebildete Restaurantbrigade serviert – einer Choreografie gleich allen Gästen zur selben Zeit –, weiß, was ich meine. Diese Tradition stammt vom russischen Adel. Wenn die Gäste zur Tafel kamen, war dort noch nicht viel zu sehen: Kalte Entrees, Salate und Kompotte waren zwar schon schmuck darauf angerichtet, was an warmen Speisen dann aber kommen sollte, war noch nicht zu sehen. Der Service à la russe hat viele Vorteile:

→ Die Speisen kommen schnell und vor allem heiß bei allen Gästen gleichzeitig an.

→ Höchstens zehn bis zwölf Gäste werden von einem „maître d'hôtel“ betreut – er ist für das Wohlergehen „seiner“ Gäste verantwortlich.

→ Die vorgeschnittenen Portionen werden stets von links vorgelegt, Wein wird immer von rechts eingeschenkt: So kommen sich weder Gäste noch Servicepersonal ins Gehege.

„Darf man Frühstückseier köpfen?“ Diese Frage höre ich immer wieder, und sie scheint immer noch ungeklärt (man darf übrigens!). So manche Benimmregel spukt

# Was isst man wie

noch in den Köpfen herum – und ist längst überholt. Da kommt einem dann irgendeine Verhaltensregel in den Sinn, die man irgendwo gehört hat – und die einen in der entsprechenden Situation plötzlich verunsichert. Selbst für ganz normale Gerichte wie Kartoffeln, Eier oder Fisch gibt es „Verhaltensregeln“ zum Verzehr.

Andere, neue Regeln sind hinzugekommen: Schließlich ist es für uns mittlerweile selbstverständlich geworden, nicht nur bürgerliche Hausmannskost zu verzehren, nicht nur die neue moderne deutsche oder französische Küche zu schätzen. Das Meinungsforschungsinstitut forsa hat für den Mineralwasserhersteller Apollinaris in den vergangenen Jahren immer wieder „Geschmacksstudien“ durchgeführt. Gefragt wurde unter anderem, welche Länderküchen von den Deutschen bevorzugt werden. Für 2006 gab es folgende Ergebnisse (Mehrfachnennungen waren möglich):

| | |
|---|---|
| Deutsch | 77% (2005: 66%) |
| Italienisch | 72% (69%) |
| Griechisch | 53% (49%) |
| Chinesisch | 49% (47%) |
| Spanisch | 33% (28%) |
| Mexikanisch | 30% (22%) |
| Französisch | 29% (26%) |
| Türkisch | 28% (23%) |
| Thailändisch | 24% (23%) |
| Indisch | 21% (2005 nicht abgefragt) |
| Japanisch | 18% (13%) |
| Serbisch/Kroatisch | 16% (2005 nicht abgefragt) |
| US-amerikanisch | 12% (2005 nicht abgefragt) |
| Vietnamesisch | 11% (11%) |
| Skandinavisch | 9% (2005 nicht abgefragt) |

Damit Sie stets gerüstet sind, finden Sie hier die wichtigsten Gerichte aufgeführt. Ich habe sie in mehrere Rubriken unterteilt, so dass Sie alles problemlos und schnell nachschlagen können. Selbst wenn die Benimmregeln heute nicht mehr so eng gefasst sind wie früher: Sie sollten wenigstens ungefähr wissen, wie man was isst. Bitte behalten Sie auch im Gedächtnis: Wenn Sie manierlich speisen, Ihren Platz ordentlich hinterlassen, nicht schmatzen oder gar Schlimmeres, wenn Sie also Ihre Tischnachbarn nicht brüskieren, indem Sie beim Essen einfach einen unästhetischen Anblick bieten – dann „dürfen“ Sie auch einen Fehler machen. Haben Sie keine Scheu, bei anderen Gästen zu lernen – indem Sie ein wenig abwartend zuschauen, wie es die anderen machen.

Fragen Sie schlicht und ergreifend das Servicepersonal um Rat und Hilfe, wenn Sie etwa mit einem Krustentier oder einem Fischgericht so gar nicht klarkommen. Das ist allemal besser, als auf dem Teller ein Schlachtfeld zu hinterlassen oder Ihre „Mitesser“ mit Spritzern oder gar Essensbrocken zu beeinträchtigen. Ich erinnere mich da immer wieder an einen lieben Freund, der zum ersten Mal in seinem

Leben einem Fisch zu Leibe rücken musste. Er hatte das niemals vorher gemacht, wollte sich aber auch nicht die Blöße geben, den Kellner zu bitten, den Fisch zu filetieren. Und es kam, wie es kommen musste: Er trennte Schwanz und Kopf ab – mit Schwung. Mit so viel Kraft, dass der Fischkopf vom Teller glitt und quer durch den Speisesaal schoss ... Sie können sich bestimmt vorstellen, wie peinlich ihm diese Situation war.

## Vorspeisen

→ „Amuse-gueule" (auch: „Amuse-bouche") ist ein kleiner Appetithappen, der auch „Gruß aus der Küche" genannt wird. Er soll Sie auf das kommende Essen einstimmen. Das Amuse-gueule („Maulfreude"; wörtlich übersetzt: „freut das Maul", Amuse-bouche also „Mundfreude") ist kostenlos und wird vor den georderten Speisen, etwa zum Aperitif, serviert. Meist erklärt Ihnen das Servierpersonal, um was es sich handelt. Der kleine Happen wird mit den Fingern verzehrt, oder es liegt ein entsprechendes Besteck dabei.

→ Artischocken werden lauwarm als Vorspeise serviert. Sie sind ein Fingergericht – Näheres siehe im weiteren Text.

→ Avocados werden meist halbiert und gefüllt als Vorspeise angeboten. Man hält die Frucht in der linken Hand und schält das Fruchtfleisch mit einem kleinen Löffel heraus. Ist die Avocado z.B. mit Krabben oder Krabbensalat gefüllt, kann man die Vorspeisengabel zum Essen verwenden.

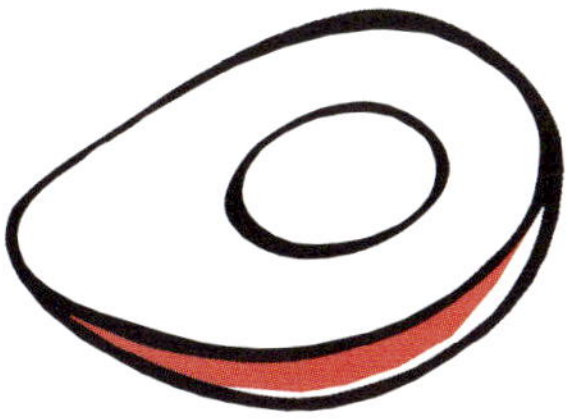

→ Baguette ist in der französischen, und mittlerweile auch internationalen Küche ein Muss. Nur in Frankreich kann man es manchmal noch im „Originalzustand" im Restaurant bekommen – nämlich am Stück und nicht in Scheiben geschnitten (selbst wenn das natürlich viel praktischer ist). Prinzipiell bricht man mundgerechte Stückchen ab (auch von bereits in Scheiben geschnittenem Baguette), bestreicht sie mit Butter und verzehrt den Happen dann. Bitte keine Stücke „auf Vorrat" herstellen, sondern jedes Häppchen einzeln!

→ Belegte Brötchen hält man auf dem Teller fest und schneidet sie dann in kleine Happen. Sind die Scheiben mit Lachs, Schinken oder Ähnlichem belegt, isst man sie selbstverständlich mit Messer und Gabel. Abbeißen bitte nur zu Hause, auf gar keinen Fall im Restaurant!

→ Carpaccio kann aus unterschiedlichen Fleischsorten (klassischerweise aus rohem Rindfleisch), ja sogar aus Fisch sein. Die hauchdünnen Scheiben isst man mariniert oder mit frischem Pfeffer und Zitrone und/oder mit Parmesansplittern. Je nach Lokal verwenden Sie ein Vorspeisen- oder das normale Besteck.

→ Kanapees sind kleine pikante Leckereien, die man mit der Hand isst. Die mundgerechten Cocktailhappen werden gerne bei einem Stehempfang serviert.

→ Krabbencocktail ist eine beliebte Vorspeise (mehr Info zu Krabben siehe später im Buch), die mit dem entsprechenden Besteck verzehrt wird.
Die Krabben sind normalerweise bereits ohne Schale und liegen in köstlicher Sauce. Hin und wieder werden die Krabben ausgelöst, aber noch mit Schwanz in der Sauce liegend auf einer flachen Schale serviert: Dann nimmt man die einzelnen Krabben am Schwanz und beißt den fleischigen Teil ab. Die restliche Sauce kann man mit einem Löffel verzehren oder mit einem Stückchen frisch gebackenem leckeren Weißbrot aufstippen.

→ Schinken mit Melone ist eine beliebte Vorspeise geworden. So isst man's: Von der Melone nach und nach kleine Stückchen schneiden und in jeweils eine (oder bei großen Scheiben: eine halbe) Scheibe Schinken einwickeln. Bitte mit Messer und Gabel!

→ Schnecken kommen in aller Regel in Spezialpfannen auf den Tisch – meist bereits ausgelöst. Werden Ihnen die Schnecken noch mit Gehäuse serviert, bekommen Sie dazu ein Spezialbesteck, nämlich die Schneckenzange und eine schmale, zweizinkige Gabel. Man nimmt die Gehäuse mit der Zange aus der Pfanne und legt sie auf den Teller oder direkt in den bereitliegenden Suppenlöffel. Mit der Gabel nimmt man dann das Fleisch aus dem Gehäuse, isst es direkt von der Gabel. Oder man legt die Schnecke einfach auf einen Löffel und übergießt sie vor dem Verzehr mit schöner heißer, würziger Butter.

In Frankreich und allen Mittelmeerländern wird das Brot als „Messerersatz“ eingesetzt: Man schiebt mit einem kleinen Stückchen Essen auf die Gabel. Selbst Sauce oder Olivenöl tunkt man mit Brot auf. Übrigens: Nur in Deutschland wird das Brot nach der Vorspeise abgeräumt. International bleibt es bis zum Ende des Essens auf dem Tisch und wird ständig nachgebracht.

# Suppen

➔ Suppe kommt meist im tiefen Teller auf den Tisch. Sie wird nicht geschlürft oder kalt gepustet. Der Löffel wird bei uns mit der Spitze zuerst zum Mund geführt (in Großbritannien mit der Breitseite!). Wird die Suppe in einer Tasse mit Henkeln serviert, dürfen Sie den Rest übrigens austrinken. Der Suppenteller wird natürlich nicht an den Mund geführt – man darf ihn allerdings (im Gegensatz zu früher) leicht kippen, um den letzten Rest auszulöffeln. Rechtshänder halten den Teller leicht nach rechts hinten, Linkshänder schräg nach links hinten – immer vom Körper weg.

➔ Überbackene Suppen essen Sie bitte mit besonderer Vorsicht: Sie sind – unter der Käseschicht oder Teighaube – meist extrem heiß. Überbackenes Brot in der Suppe „tauchen" Sie ein paar Mal unter, bis es weich ist und sich mit dem Löffel gut teilen lässt.

➔ Bouillabaisse ist die Bezeichnung für eine französische Fischsuppe, genauer gesagt: für die typische Fischsuppe aus Marseille. Man serviert die Bouillabaisse in einer Terrine und reicht dazu geröstete, mit Knoblauch eingeriebene Weißbrotscheiben. Wer mag, bekommt dazu noch Knoblauchmajonäse, die man "Rouille" nennt. Normalerweise können Sie davon ausgehen, dass die Fische in der Suppe entgrätet und alle Krustentiere geöffnet sind. Wenn nicht: Lassen Sie den Kellner ran oder werden Sie selbst mit dem Fischbesteck tätig. Stilgerecht legt man einige Brotscheiben in den Teller und begießt sie mit der Suppe. Nun löffeln Sie die leckere Delikatesse aus. Die Rouille wird normalerweise zum Fisch gegessen. Werden Meeresfrüchte separat serviert, dürfen Sie die Majonäse auch aufs Brot streichen und davon zwischen den einzelnen Happen abbeißen.

➔ Chili con Carne und andere Eintöpfe essen Sie mit dem Löffel. Sind bei einem Eintopfgericht – etwa beim Irish Stew – noch größere Stücke Fleisch enthalten, zerteilen Sie diese entweder mit der Gabel oder mit Messer und Gabel.

➔ Zwiebelsuppe wird – wie manch andere Suppe der Nouvelle Cuisine – mit einer „Haube" serviert. Bei der französischen Zwiebelsuppe handelt es sich meist um eine Abdeckung aus Käse-Toast-Croûtons oder reinem

Parmesan. Stechen Sie die vorsichtig auf. Die Käsekruste fällt dann zusammen und weicht in der Flüssigkeit auf. Dann lassen sich leicht mundgerechte Happen abstechen. Zieht der Käse Fäden, wickeln Sie diese um den Löffel, bevor Sie ihn zum Mund führen. Bitte auf keinen Fall mit dem Messer abschneiden – allenfalls die Gabel dürfen Sie als Hilfswerkzeug verwenden.

## Geflügel und Fleisch

Geflügel wird im Restaurant immer mit Messer und Gabel gegessen. Lassen Sie sich nicht von dem alten, aber falschen Spruch in die Irre leiten, dass man „alles mit Fingern essen dürfe, was fliegt". Er stimmt nicht – zumindest nicht, wenn Sie in einem feinen Lokal oder bei einem großen Fest speisen. Selbst wenn das leckerste Brathähnchen vor Ihnen auf dem Teller liegt – nur in einer Hähnchenbraterei oder auf der Kirmes essen Sie Hähnchen „aus der Hand". Ente, Gans, Truthahn, Fasan, Taube und Rebhuhn – alle werden mit Besteck verzehrt. Die „offiziell" einzige Ausnahme ist die Wachtel, die als Fingergericht gilt (dazu später mehr), und man wird sie Ihnen deshalb mit einer Fingerschale servieren. Allerdings gilt das nur für die Beine der Wachtel. Das Brustfleisch isst man mit Messer und Gabel. Die Flügel isst man bei kleineren Geflügelarten nicht mit.

➔ Vorsicht bei Wildgeflügel (also Fasan, Rebhuhn): Die Knochen splittern leichter als beim Hausgeflügel.

➔ Ente wird bei einem großen festlichen Menü oft in zwei Gängen gereicht: Zuerst wird die Brust serviert, danach die Keulen. Bei Pekingente im Chinarestaurant kann es bis zu zehn Gänge geben.

Fleisch – etwa ein Steak oder die Scheibe eines saftigen Bratens – zu zerteilen und zu verzehren, sollte für niemanden ein Problem darstellen. So wird's gemacht: Sie stecken die Gabel stets mit der Wölbung nach oben ins Fleisch; mit dem Messer teilen Sie dann – mit leichtem Druck – mundgerechte Stücke ab, die Sie jeweils nach dem Abschneiden essen (die Amerikaner machen das anders – siehe letztes Kapitel). Ihr Zeigefinger liegt etwa in der Mitte des Griffs und sollte beim Schneiden niemals bis knapp über den Klingenansatz gleiten. Sie haben ein stumpfes Messer bekommen? Dann kratzen Sie nicht geräuschintensiv auf dem Teller herum, sondern lassen sich vom Servicepersonal ein anderes bringen. Wenn Sie Fleischgerichte mit Sauce essen, wird das Messer übrigens nicht am Fleischstück „sauber gewischt“, bevor man den Bissen zum Munde führt.

→ Fleischgerichte werden nicht von Hand gegessen. Zwei Ausnahmen gibt es: Spareribs und Lammkoteletts – wobei sich hier die Geister scheiden, denn offiziell zählt man sie nicht zu den Fingergerichten. Bei Spareribs wird man aber im Normalfall eher seine Finger benutzen, deshalb finden Sie dies später im Text bei den Fingergerichten.

→ Lamm wird heute meist als Lammkoteletts serviert – und ist, auch wenn die Knochenenden weiße Papiermanschetten tragen – kein Fingergericht! Zerteilen Sie das Fleisch bitte mit dem Messer und lösen Sie es so nah wie möglich am Knochen ab. In einem guten Restaurant nagen Sie den Knochen nicht ab. In rustikalerer (oder privater) Umgebung bleibt Ihnen das selbstverständlich unbenommen.

→ Lammrücken wird in einer „Krone“ zusammengebunden serviert. Hier wird das Servicepersonal das Zerteilen des Fleisches übernehmen und es Ihnen als Tellergericht servieren. Auch den Lammrücken essen Sie im Normalfall mit Messer und Gabel.

→ Frikadellen, Hackbraten oder Hamburger isst man – im Gegensatz zu früher – heute mit Messer und Gabel.

→ Hachsen (oder Haxen) sind nicht nur in Bayern als Schweinshaxe auf dem Oktoberfest eine Spezialität; im Westen und Norden Deutschlands kennt man das Eisbein. Hachsen stammen von Schwein oder Kalb und sind gar nicht so einfach zu verzehren. Wenn Sie auf Ihrem Teller kein unansehnliches Schlachtfeld hinterlassen wollen, gehen Sie am besten so vor: Schneiden Sie die Hachse an der schmalsten Stelle mit dem Messer ein. Danach lösen Sie das Fleisch mit der Messerspitze an den Enden und entlang des Knochens ab. Das dann knochenlose Fleischstück drehen Sie mit der Kruste (oder beim Eisbein mit der Haut) nach oben und schneiden mundgerechte Happen ab.

→ Schinken im Brotteig ist eine saftige Angelegenheit. Die knusprige Brothülle kann man mitessen, muss man aber nicht. Auf

jeden Fall nicht mit den Fingern, sondern mit Messer und Gabel.

➔ Schweinebraten mit Kruste ist eine leckere Angelegenheit – allerdings nur dann leicht zu verzehren, wenn die Kruste vor dem Braten rautenförmig in kleine Stücke eingeschnitten wurde. Ist das nicht der Fall, werden Sie es nicht leicht haben, kleine Happen abzuschneiden. Drehen Sie die Kruste zum Schneiden aber bitte auf jeden Fall um, so dass die harte Seite auf dem Teller liegt. Allzu leicht „flutscht" Sie Ihnen sonst vom Teller ...

➔ Spieße mit Fleisch – ob das ehedem so beliebte Schaschlik oder ein „Edelspieß" mit Filetstückchen – halten Sie schräg auf Ihren Teller. Lösen Sie die Stücke sofort vom Spieß, da dies im heißen Zustand leichter ist! Dann schieben Sie mit der Gabel die Fleischstücke herunter – einzeln oder mehrere, bis der Spieß leer ist. Er wird dann am Tellerrand abgelegt und Sie können das Essen nun Happen für Happen genießen.

➔ Tatar ist rohes mageres Hackfleisch vom Rind, das mit Salz und weißem Pfeffer gewürzt und in einem großen, flachen Ballen auf einem Teller serviert wird. In die vertiefte Mitte kommt ein rohes Eigelb. Garniert wird das Ganze mit fein gehackten Sardellenfilets, gehackten Zwiebeln, Mixed Pickles und Kapern sowie Petersilie. Alle Zutaten werden unmittelbar vor dem Essen auf dem Teller mit Hilfe einer Gabel miteinander vermischt. In feinen Restaurants macht das der Kellner, in eher einfachen Lokalen machen Sie das selbst. Dazu isst man Graubrot mit Butter. In manchen Restaurants im Elsass serviert man auch Bratkartoffeln dazu.

## Fisch

Manch einer scheut sich vor Fischgerichten, weil er Angst vor den Gräten hat. Klar: Fisch isst sich nicht so einfach wie Fleisch. Man sollte ungefähr wissen, wo die Gräten verlaufen und man muss – bevor man genüsslich speisen kann – den Fisch entgräten. Das scheint für viele zu schwierig zu sein. Dazu kommt die Benimmfrage: Was mache ich, wenn ich beim Kauen eine Gräte entdecke und diese „entsorgen" möchte? Kein Problem! Sie nehmen natürlich nicht die Finger, sondern schieben die Gräte mit der Zunge auf die Gabel. Danach legen Sie sie auf dem Tellerrand ab. Bei sehr

kleinen Gräten wird Ihnen dies nur schwer gelingen. Dann – und nur dann! – versuchen Sie am besten, das Stückchen mit Daumen und Zeigefinger zu fassen und ganz diskret zu entfernen. Nehmen Sie eventuell die Serviette zu Hilfe.

→ Um Fisch stilecht und korrekt zu essen, gibt es das spezielle Fischbesteck. Es besteht aus Fischgabel und Fischmesser (wobei auch hier die Gabel mit der linken, das Messer mit der rechten Hand gehalten wird). Fehlt ein solches Besteck, verwenden Sie zwei Gabeln. Niemals jedoch das normale Messer! In vornehmen Restaurants wird statt des Fischmessers auch der Gourmetlöffel zum Zerteilen des Fisches eingedeckt.

→ Haben Sie keine Scheu, den Kellner zu bitten, „komplizierte" Fischarten zu filetieren. Man wird Ihrem Wunsch gerne nachkommen. Und Sie werden bei Ihren Mitgästen eher Bewunderung für Ihr Selbstbewusstsein ernten als dass Sie belächelt werden: Zuzugeben, dass man etwas nicht weiß und sich dann an den Fachmann zu wenden, ist sicher besser als auf dem Teller ein unahnsehnliches Schlachtfeld zu hinterlassen ...

→ Eine heimische Forelle sollten Sie selbst zerteilen können. So wird es gemacht: Sie lösen zuerst die Bäckchen unterhalb der Augen aus; sie sind in Feinschmeckerkreisen besonders begehrt. Dann entfernen Sie Rücken-, Bauch- und Schwanzflossen. Am Rückgrat entlang führen Sie nun einen Schnitt, um erst die Haut abzuziehen und dann das obere Filet auszulösen. Entfernen Sie die Mittelgräte und den Kopf: Das geht ganz leicht, wenn Sie den Fisch am Schwanzende beginnend anheben. Das untere Filet liegt nun ebenfalls frei und kann verzehrt werden.

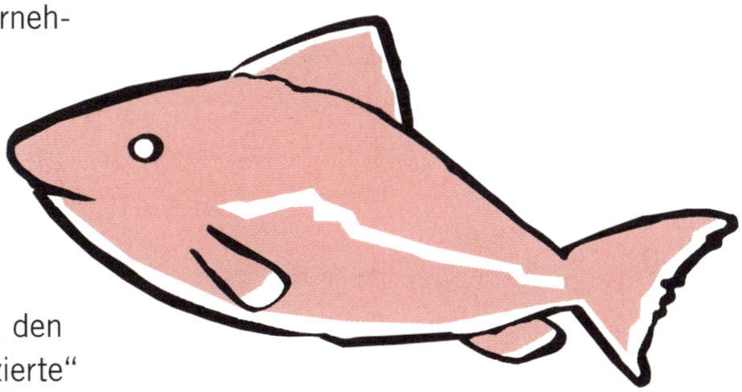

→ Gebratene frische Heringe nennt man auch „grüne Heringe", und sie werden mit dem Fischbesteck verzehrt. Eine Ausnahme sind Gerichte mit größeren Heringsteilen (z.B. Bismarckheringe, Rollmöpse oder Bratheringe): Hier greifen Sie zum normalem oder auch zum Vorspeisenbesteck, ein Fischbesteck wird für diese Speisen selten eingedeckt.

➔ Gebratenen oder gegrillten Lachs isst man mit dem Fischbesteck. Ist Lachs dagegen als Zutat in einer Lasagne oder in einer Pastasauce verarbeitet, nehmen Sie das Besteck, das eingedeckt ist – also meist Gabel und Löffel.

➔ Räucher- oder Graved Lachs wird normalerweise schon in dünnen Scheiben geschnitten serviert. Dazu gibt es Schwarzbrot, Toast, Crème fraîche oder Meerrettichsahne, zum Graved Lachs manchmal auch eine eher süßliche Honig-Dill-Sauce. Früher aß man zum Lachs Kapern, Zitrone oder gehackte Zwiebeln – das ist heute verpönt, weil diese Zutaten den feinen Geschmack „erschlagen". Lachs wird nicht mit dem Fischbesteck, sondern mit dem Vorspeisenbesteck gegessen. Bei sehr weichem Fisch ist es sogar erlaubt, lediglich die Gabel zu nutzen und ein Stückchen Brot als „Messerersatz".

➔ Aal ist einer der wenigen Fische, die mit dem normalen Besteck, also Messer und Gabel, gegessen werden, vor allem dann, wenn es sich um Räucheraal handelt. Gedünsteten Aal in Sauce dagegen essen Sie mit dem Fischbesteck. Er wird enthäutet und entgrätet.

## Meeresfrüchte und Schalentiere

➔ Austern werden im Restaurant normalerweise geöffnet serviert, das erspart Ihnen, die harten Schalen mit dem Austernbrecher aufzustemmen. Haben Sie auch hier keine Scheu, das Servicepersonal um Hilfe zu bitten, wenn die Austern wider Erwarten noch geschlossen serviert werden.

➔ Die geöffnete Auster haftet noch im unteren, tiefen Teil ihrer Schale. Man muss sie vor dem Genießen lösen. Das tun Sie mit der Austerngabel. Es ist Geschmackssache, ob man zunächst Bart und Darm (als kleiner schwarzer Punkt am unteren Teil sichtbar) entfernt, um die Auster dann zusammen mit ihrem Meerwasserbad zu schlürfen und unzerkaut hinunterzuschlucken. Man kann Bart und Darm durchaus mitessen, und die „wahren Kenner" tun dies auch.

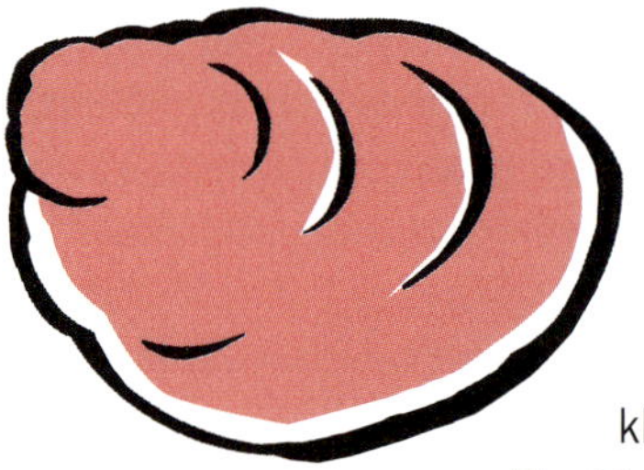

→ Die klassische Methode geht so: Sie entfernen mit der Austerngabel Bart und Darm, träufeln etwas Zitronensaft darauf, streuen ein wenig Pfeffer aus der Mühle darüber und schlürfen das Fleisch zusammen mit dem Meerwasser aus. Dazu wird meist lediglich gebuttertes Schwarzbrot gereicht.

→ Jakobsmuscheln sind eine ganz besondere Delikatesse. Sie werden, meist schon ausgelöst, in der Schale serviert. Ob überbacken oder im Sud gegart – das Fleisch wird einfach mit der Gabel aufgenommen und verzehrt. Wer den manchmal vorhandenen rötlichen Kaviar („Corail") nicht mag, kann ihn mit dem normalen Messer (nicht mit dem Fischmesser) abtrennen.

→ Seit alters her als Delikatesse serviert wird Kaviar: der Störrogen (ob schwarz oder grau), normalerweise in der Originaldose, manchmal auch in einer Glasschale, die auf Eis liegt. Um den Geschmack nicht zu verfälschen, besteht das Kaviarbesteck aus Elfenbein, Perlmutt oder Horn. Es ist zweiteilig: Mit der Kaviarschaufel nimmt man sich etwas Kaviar auf den Teller, anschließend häuft man mit dem geschwungenen Kaviarmesser ein wenig des klein- oder großperligen Leckerbissen auf einen gebutterten (bitte mit ungesalzener Butter) Toast und verstreicht ihn dort vorsichtig, ohne die feinen Perlen zu zerquetschen. Danach wird der Toast in mundgerechte Stücke geschnitten, die man mit der Hand isst. Ganz nach Gusto können Sie noch Zitrone darüber träufeln. Ebenfalls „erlaubt": den Kaviar mit feinst geschnittenen Zwiebeln zu garnieren. Typisch russisch ist es, zum Kaviar Blinis zu servieren: Das sind kleine Pfannküchlein aus Buchweizenmehl.

→ Muscheln kommen meist in einer Terrine auf den Tisch, in einer köstlichen Brühe oder Suppe. Man nimmt eine der zweihälftigen Schalen und pult bei dieser ersten Muschel das gelbweißliche Fleisch mit der Gabel heraus. Die beiden miteinander verbundenen nun leeren Schalenhälften dienen jetzt als „Besteck": Wie mit einer Zange zieht man mit ihnen das Fleisch aus den übrigen Schalen heraus und führt es zum Mund.

## Beilagen und Gemüse

Gemüse wird in aller Regel nur mit der Gabel gegessen. Selbstverständlich darf dabei das Messer zu Hilfe genommen werden

Früher war es „verboten", Kartoffeln zu schneiden – aus einem handfesten Grund: Das Metall der Messer lief bei der Berührung mit Kartoffelstärke an und verfärbte sich. Natürlich ist das Schneiden mit dem Messer heute erlaubt.

– etwa als „Schiebeinstrument". Es gilt die Regel: Was weich genug ist, wird mit der Gabel zerteilt. Alles andere dürfen Sie mit dem Messer in mundgerechte Happen teilen. In feinen Restaurants wird das Gemüse immer in kleinen Stücken serviert.

Den italienischen Risotto speist man mit Messer und Gabel, süßen Milchreis dagegen mit dem Dessertlöffel.

→ Erbsen zu essen, kann zu einem Kunststück werden: Denn es ist nicht ganz leicht, Erbsen auf die Gabel zu befördern, ohne dass sie wegkullern und sogar den Teller verlassen. Doch das ist reine Übungssache!

→ Kartoffeln sollen nicht nur satt machen, sondern sind die idealen Saucenträger. Das ist übrigens auch der Grund, weshalb Gourmets Kartoffeln nicht mit dem Messer schneiden, sondern sie mit der Gabel zerteilen: Die dabei entstehende unebene Fläche nimmt die Sauce nämlich besser auf. Eines ist allerdings tabu – zumindest im Restaurant: das Zerquetschen der Kartoffel mit der Gabel! Selbst wenn es Ihnen noch so gut schmecken sollte.

→ Bei Gerichten ohne Sauce – z.B. Pellkartoffeln mit Quark und Schinken – können Sie ruhig das Messer benutzen.

→ Klöße (Knödel) werden wie Kartoffeln nicht geschnitten, sondern mit der Gabel zerteilt. Der unebene Rand des Happens nimmt dann die Sauce besser auf. Das Messer ist bei allen Arten von Knödeln (ob süß oder pikant, ob groß oder klein) eher unüblich.

→ Nudeln als Beilage isst man stets mit der Gabel in der linken Hand. Man verwendet allerdings das Messer, um sie auf die Gabel zu schieben. Reine Nudelgerichte und Gnocchi verzehrt man durchaus lediglich mit der Gabel – und diese dann in der rechten Hand. Bei einem festlichen Essen sehen Sie anhand des eingedeckten Bestecks, was Sie zu tun haben. Absolut tabu ist es auf jeden Fall, Nudeln mit dem Löffel in sich „hineinzuschaufeln" – selbst wenn die Sauce dazu noch so lecker schmeckt. Gutes Benehmen ist es auch nicht, jede Nudel (etwa bei Makkaroni) einzeln aufzuspießen. Optimal: zwei bis drei Stück auf der Gabel zum Munde geführt.

→ Püree wird stets mit der Gabel gegessen – ganz gleich, ob es sich um Kartoffel-, Erbs- oder eine andere Püreesorte handelt. Der Löffel ist nicht das richtige Werkzeug!

→ Oliven im Salat werden mit der Gabel aufgespießt. Falls sie einen Kern enthalten, entsorgen Sie diesen bitte mit der Gabel auf den Tellerrand. Nicht mit der Hand!

➔ Reis ist im Normalfall eine Beilage. Manchmal wird er aus Dekorationsgründen in eine bestimmte Form gebracht, z.B. den Reisrand. Gegessen wird der Reis mit Messer und Gabel.

➔ Salatblätter durfte man früher niemals schneiden, sondern bestenfalls falten, um einen mundgerechten Happen herzustellen. Heute sind jedoch so viele neue und großblättrige Salatsorten auf dem Markt – das Zerteilen mit dem Messer ist also kein Tabu mehr. Auch andere Salate – etwa Kartoffelsalat oder Ähnliches – essen sie mit Messer und Gabel.

➔ Sauerkraut isst man ganz einfach mit der Gabel. Das Messer (oder ein Stückchen Brot) kann man zur Hilfe nehmen, wenn die Krautfäden zu lang sind.

➔ Spargel wird von Fachleuten immer mit der Spitze nach links auf dem Teller serviert. Es hat sich mittlerweile eingebürgert, Spargelstangen mit dem Messer in mundgerechte Stücke zu teilen. Es bleibt Ihre Entscheidung, ob Sie zuerst den Kopf oder das Ende der Spargelstange verzehren.

## Obst

Früchte werden normalerweise zum Dessert gereicht. Mittlerweile gibt es aber auch fantastische Frühstücksbuffets, auf denen die unterschiedlichsten Früchte zu finden sind. Hier finden Sie die wichtigsten „Problemfälle".

➔ Ananas wird meist in Scheiben geschnitten serviert. Diese isst man mit dem Obstbesteck. Sie haben sich vom Buffet eine ganze Babyananas geholt? Dann schneiden Sie erst den Ansatz der Blattkrone ab und vierteln die Frucht dann der Länge nach. Entfernen Sie den holzigen Mittelstrunk und verzehren dann das „Schiffchen" mit Messer und Gabel.

➔ Äpfel werden vor dem Servieren geschält, in mundgerechte Stücke geschnitten, das Kernhaus wird entfernt. Danach isst man den Apfel mit Obstbesteck oder Fingern.

→ Apfelsinen schält man, indem man die Schale mehrmals mit dem Obstmesser anritzt und dann entfernt. Die Haut auf dem Fruchtfleisch wird ebenfalls abgezogen. Dann teilt man die Apfelsine und nimmt die einzelnen Spalten mit den Fingern vom Obstteller.

→ Bananen werden am unteren Ende des Frucht geöffnet, nicht am Stiel. Man knickt das Ende mit den Fingern um, damit sich die Schale öffnet. Dann wird die Frucht zunächst bis etwa zur Hälfte abgeschält. Die untere Hälfte verbleibt zunächst in der Schale, bis das bereits freigelegte Stück verspeist ist. Dann wird weiter geschält und der Rest aufgegessen. Im Restaurant verzehren Sie die „ausgepackte“ Banane selbstverständlich mit Messer und Gabel.

→ Birnen sind meist sehr saftig, deshalb sollte man zum Verzehr – gerade dann, wenn sie geschält serviert werden – ein Obstmesser und eine Gabel verwenden.

→ Frische Feigen sind eine Delikatesse; sie werden mittlerweile oft mit Käse oder aber als Vorspeise mit geräuchertem Schinken serviert. Dann isst man sie mit Messer und Gabel. „Pur“ genießt man die Früchte, indem man sie der Länge nach halbiert und dann auslöffelt.

→ Granatäpfel werden im Lokal kaum als ganze Frucht serviert, und das hat seinen Grund: Sie sind nämlich nicht einfach zu essen. In vielen Desserts sind jedoch ausgelöste Granatapfelkerne zu finden. Sie werden einfach mit dem Löffel gegessen.

→ Grapefruits werden oft zum Frühstück serviert. Wenn die Früchte schon halbiert sind, haben Sie Glück: Dann löffeln Sie das Fruchtfleisch mit einem Speziallöffel (spitz geformt) einfach heraus. Ganze Früchte halbieren Sie, schneiden dann mit einem Spezialmesser, das leicht gebogen ist, an der Schale entlang das Fruchtfleisch ab und entfernen die einzelnen Schnitze von den Trennhäuten – am besten noch in der Schale. Die einzelnen Fruchtschnitze isst man mit einer Dessertgabel.

→ Guaven und Nashis kann man äußerlich leicht mit Äpfeln und Birnen verwechseln. Beide Früchte isst man auch so wie unser heimisches Obst: vierteln und nacheinander das Kernhaus und die Schale entfernen, dann mit der Hand verspeisen.

→ Kakis – die israelische kernlose Neuzüchtung heißt Sharon

– haben eine glatte Haut, etwa wie eine Tomate. Man halbiert die Frucht und löffelt dann das Fruchtfleisch heraus.

➔ Kapstachelbeeren – auch Physalis genannt – sind oft als Dekoration zu finden. Man kann sie aber essen – und zwar die ganze Frucht, aber natürlich ohne die papierähnlichen Blätter.

➔ Karambolen nennt man auch Baumstachelbeeren oder Sternfrüchte wegen ihrer Form. Auch sie werden oft zur Dekoration verwendet. Man kann sie komplett verzehren, also die Haut mitessen.

➔ Kirschen werden frisch serviert und mit den Fingern gegessen. Den Kern lässt man hinter vorgehaltener Hand diskret auf den Teller fallen.

➔ Kiwis werden halbiert, dann löffelt man das Fruchtfleisch aus.

➔ Kumquats sind nichts anderes als Zwergorangen. Die winzigen Orangen verzehrt man mit der Schale. Bitte nicht mit der Gabel aufspießen, sondern mit dem Löffel zum Mund führen!

➔ Mandarinen schält man mit den Fingern und isst sie Stück für Stück ohne Obstbesteck.

➔ Mangos verspeisen Sie so: Man legt die Frucht auf die flache Seite und schneidet sie mit einem Obstmesser oberhalb des großen Steins durch. Danach umdrehen und das Gleiche auf der anderen Seite wiederholen – jetzt lässt sich der Stein bestens herauslösen. Die einzelnen Hälften der Mango löffelt man einfach aus. Dazu schneiden Sie das Fluchtfleisch kreuzweise in kleine Rauten: Es lässt sich dann leichter lösen und Sie vermeiden Saftspritzer.

➔ Melonen werden meist als „Schiffchen“ serviert: Dann werden sie mit Messer und Gabel gegessen. Wird jedoch eine halbe Melone, gefüllt mit Fruchtfleischbällchen oder Obstsalat gefüllt serviert, löffeln Sie den Inhalt aus.

➔ Papayas reicht man im Restaurant in Spalten geschnitten, die mit Messer und Gabel verzehrt werden.

➔ Pfirsiche (und Nektarinen) werden stets mit dem Obstbesteck gegessen – ob sie geschält im Saft oder frisch und ungeschält auf den Tisch kommen.

➔ Pflaumen bricht man mit den Fingern auf (Vorsicht vor Spritzern bei besonders saftigen Früchten!) und entfernt den

Kern, den man auf dem Teller ablegt. Die beiden Hälften des Fruchtfleisches werden nacheinander mit den Fingern verspeist.

→ Weintrauben werden mit den Fingern einzeln von der so genannten Rispe abgezupft und zum Mund geführt.

## Käse

Käse gilt als Zwischenmahlzeit, die häufig zwischen Hauptgericht und Dessert serviert wird. Dazu reicht man verschiedene Brotsorten mit Butter. Um den Gaumen auf den Genuss vorzubereiten, beginnt man mit einem milden Käse, dem herzhaftere Sorten folgen.

Manche Hartkäse wie Parmesan oder Pecorino werden nicht geschnitten, sondern mit einem speziellen Messer „gebrochen“. Diese Stücke isst man dann mit der Hand.

→ Normalerweise bietet Ihnen das Servicepersonal aus einer reichhaltigen Käseauswahl etwas an. Niemand wird Ihnen verwehren, wenn Sie ein paar Sorten ausprobieren möchten. Aber übertreiben Sie es nicht, alle Sorten werden Sie kaum schaffen! Und Sie wollen sicher nicht als Vielfraß dastehen.

→ Bei allen Käsesorten lässt man die Außenhaut liegen, selbst wenn Sie das zu Hause anders machen. Bei Hartkäse schneiden Sie kleine Stückchen ab und verzehren diese mit der Gabel. In diesem Fall isst man das Brot extra zum Käse.

→ Weichkäse dürfen Sie auf jeweils einen kleinen Happen Brot geben und ihn dann essen. Bitte geben Sie nicht der Versuchung nach, eine Stulle zu schmieren und dann genüsslich abzubeißen.

## Desserts

Sie sind der krönende süße Abschluss eines Menüs. Bei einem festlichen, mehrgängigen Essen wird das zugehörige Besteck nicht von Anfang an mit aufgelegt – sonst käme es auf Ihrem Platz zu einem unübersichtlichen Besteck-Wirrwarr.

**Je nach Dessert gibt es als Besteck**

→ lediglich einen Löffel (z.B. für Pudding)

→ ausschließlich eine Gabel (z.B. für Kuchen)

→ Gabel und Messer (z.B. für Obst)

→ Löffel und Gabel (z.B. für Dessert mit Sauce).

Bei Löffel und Gabel als Dessertbesteck wird das Servicepersonal normalerweise den Löffel rechts und die Gabel links eindecken. Das heißt: Der Löffel ist jetzt Hauptbesteck. Für Nachtisch, den man hauptsächlich mit dem Löffel verzehrt, ist das praktisch: also z.B. für Eiscreme, Mousse au Chocolat oder Tiramisù. Ist das Dessert eher etwas fester, wie Kuchen, Strudel oder Blätterteig, isst man dies besser mit der Gabel in der rechten Hand. Sie dürfen also selbstverständlich wechseln (als Linkshänder täten Sie das sowieso).

Nach dem Verzehr legen Sie Ihr Besteck wie üblich parallel zueinander in der Fünf-Uhr-Position ab, in der Reihenfolge Löffel, Messer und Gabel (von oben). Wurde Ihr Dessert in einem Glaskelch oder einer Schale mit Stiel serviert, legt man das Besteck auf dem zugehörigen Teller ab und belässt ihn nicht etwa in Kelch oder Schale.

→ Apfelstrudel ist eine Wiener Spezialität, die mit Löffel und Gabel verzehrt wird.

→ Cassata ist eine italienische Eiscremespezialität mit kandierten Früchten und Nüssen. Sie wird mit einem Löffel oder mit Dessertlöffel und -gabel serviert. Ist das Halbgefrorene noch zu fest, können Sie es selbstverständlich ein bisschen antauen lassen.

→ Die Crème brûlée (auch: Crème catalane oder Crema catalana, Karamellcreme) ist ein Standarddessert aus der französischen Küche, man kennt es aber auch in Spanien, Italien, Portugal und bei uns. Das Besondere ist die durch Flambieren entstandene Karamellkruste an der Oberfläche. Die ist nämlich heiß, während der Rest der Speise kalt ist. Klopfen Sie leicht mit der Unterseite des Dessertlöffels auf die Karamellschicht, bis sie „geknackt" ist. Danach löffeln Sie die Crème einfach auf.

→ Crêpe Suzette ist ein hauchdünner Pfannkuchen mit Cointreau-Orangen-Sauce. In guten

Besteht ein Dessert aus einer ganzen Variation von leckeren Süßspeisen, dürfen Sie Löffel und Gabel von Fall zu Fall in die andere Hand wechseln.

Restaurants bereitet man dieses Dessert am Tisch vor Ihren Augen zu und flambiert es. Gegessen wird mit Messer und Gabel. Oft reicht man Ihnen zusätzlich einen Dessert- oder Gourmetlöffel, damit Sie die Sauce besser aufnehmen können. Legen Sie das Messer im oberen Teil Ihres Tellers ab und essen mit dem Löffel weiter.

➔ Flan ist ein Pudding aus Eiern, Milch und Zucker, der mit dem Löffel gegessen wird.

➔ Mousse au Chocolat (Schokoladenschaum) ist eine klassische französische Nachspeise aus dunkler Schokolade. Sie wird mit dem Löffel gegessen.

➔ Für Obstsalat deckt man meist Löffel und Gabel ein. Beides dürfen Sie – natürlich auch abwechselnd – verwenden.

➔ Rote Grütze ist eine Spezialität aus Norddeutschland und Skandinavien. Sie besteht aus verschiedenen roten Früchten und wird mit etwas Milch oder leicht angeschlagener Sahne gereicht, manchmal auch mit Vanillesauce. Man isst sie mit dem Löffel.

➔ Tiramisù besteht aus wechselnden Schichten von mit Espresso und Likör getränkten Löffelbiskuits und einer Creme auf Mascarpone-Ei-Basis. Tiramisù wird mit Gabel und Löffel serviert.

➔ Zabaione (auch: Zabaglione) ist eine italienische Weinschaumcreme, die man als Sabayon auch in Frankreich kennt. Sie wird mit dem Dessertlöffel gegessen. Danach wird das Besteck seitlich neben der Schale auf dem Unterteller abgelegt.

## Besondere Fälle: Eierspeisen, Soufflés, Saucen und mehr

➔ Aufläufe werden meist im Backgeschirr serviert, als einzelne Portion oder als Ganzes für mehrere Personen. Achten Sie auf den Hinweis des Servicepersonals: Die Form ist immer sehr heiß! Man isst einen Auflauf mit Messer und Gabel.

➔ Ein Clubsandwich zu essen ist eine äußerst schwierige Angelegenheit: Kaum jemand schafft das (selbst nach langjähriger Übung), ohne dass Teile auf den Teller fallen. Wie macht man's richtig? Prinzipiell gehen Sie hier vor wie beim Riesenhamburger: mit den Händen. Denn nur in den seltensten Fällen werden Sie dies im First-Class-Restaurant in illustrer Runde zu sich nehmen ... Sie nehmen also die üblicherweise in Dreiecke geschnittenen Sandwichteile auf, ziehen den Spieß heraus und essen genussvoll.

➔ Dekorationen aus Nahrungsmitteln auf Ihrem Teller dürfen Sie prinzipiell verspeisen. Achten Sie aber ein wenig auf Ihre Mitgäste: Es wirkt eher peinlich, wenn Sie als einziger alles auffuttern. Das gilt vor allem für kunstvoll geschnitzte Gemüseteilchen, die Sie z.B. in japanischen oder chinesischen Restaurants vorgesetzt bekommen.

➔ Dips sind Saucen, in die man Gemüse oder Fleisch eintunkt. Sie werden in allen möglichen Geschmacksrichtungen angeboten. Gedippt wird stets nur von Hand, und meist wird zum Säubern der Finger eine extra Papierserviette gereicht.

➔ Eier mit dem Messer zu schneiden oder gar zu „köpfen" war früher verpönt. Denn die Metalllegierung lief bei der Berührung mit Eiweiß an und verfärbte sich. Nach modernen Benimmregeln können Sie ein Ei jedoch entweder „köpfen" oder aber nach der alten Methode verfahren: Danach trennt man die Spitze des Eis mit dem Eierlöffel ab. Dazu klopft man die Schale an und entfernt sie stückchenweise.

➔ Eierspeisen wie Spiegel- oder Rühreier isst man mit Messer und Gabel. Für Rühreier kann man sogar nur die Gabel in der rechten Hand verwenden. Den berühmten „Strammen Max" dagegen – also Spiegelei auf Schinken und Brot – essen Sie mit beiden Besteckteilen. Omeletts isst man ebenfalls mit Messer und Gabel – im Normalfall. In besonders feinen Restaurants wird man Ihnen lediglich eine Gabel und dazu einen Löffel als „Hilfswerkszeug" bringen.

➔ Fondue wird in einem Spezialgeschirr zubereitet und auf speziellen Tellern verzehrt. Klassisch ist das Fondue mit Rindfleischwürfeln, die in Fett oder Öl gegart werden (Fondue Bourguignonne). Mittlerweile gibt es aber viele Variationen: Fondue mit Geflügelfleisch, Fisch oder Gemüse, das in Brühe gegart wird (Fondue Chinois). Beim Käsefondue werden mehrere Käsesorten bis zum Flüssigwerden erhitzt, danach tunkt man Brotwürfel ein. Jeder Gast hat einen in mehrere Fächer unterteilten Fondueteller, zwei Fonduegabeln (farblich markiert) und ein normales Besteck. Nun spießt jeder ein oder zwei Würfel Fleisch auf seine Fonduegabel und taucht sie in das heiße Fett ein. Ist es gar, zieht man es mit der eigenen, normalen Gabel ab. Bitte niemals die Fonduegabel in den Mund stecken! Schließlich kommt die mit dem nächsten Fleischstückchen wieder in den gemeinsamen Fonduetopf.

Gänseleberpastete wird immer mit Messer und Gabel gegessen. Streichen Sie die Leber nicht auf das gereichte Brot – zumindest nicht im Edelrestaurant.

➔ Pasteten gibt es in den vielfältigsten Formen: süß und pikant, als Vorspeise oder Hauptgericht, als Dessert und als „Deckel" über einer Suppe. Je nach „Härtegrad" isst man sie mit Messer und Gabel oder lediglich mit der Gabel. Es kommt auch ein wenig auf die Füllung an: Für Pasteten mit weicher Füllung benutzen Sie bitte die Gabel, für die Pastetenhaube über eine Suppe lediglich den Löffel. Ausnahme: Es wird Ihnen dazu eine Gabel serviert. Den Fettrand um Fleischpasteten isst man normalerweise nicht mit – vor allem nicht bei Gänseleberpastete: Denn die Leber ist fett genug. Die Königinpastete ist eine mit feinem Hühnerfleischragout gefüllte Vorspeise, die man mit Gabel und Messer verspeist.

➔ Unter Quiches versteht man deftige pikante Kuchen. Mini-Quiches werden oft als Vorspeise oder sogar als Amuse-geule gereicht; es gibt Quiche aber durchaus auch als Hauptmahlzeit. Als Vorspeise verwenden Sie bitte das entsprechende Besteck (also Messer und Gabel), als Hauptgericht „nur" die Gabel. In rustikalen Weinlokalen, wo man Quiche zum neuen Wein serviert bekommt, dürfen Sie auch mit den Fingern zugreifen. Das gilt auch, wenn Ihnen z.B. bei einem Empfang kleine Quiches als Fingerfood angeboten werden.

➔ Sorbets sind ein Zwischengericht, das bei einem mehrgängigen Menü vor dem Hauptgang serviert wird. Es soll die Geschmacksnerven auf den nächsten großen Genuss vorbereiten und muss deshalb nicht unbedingt süßen Geschmack haben; mittlerweile gibt es auch Kräuter- und Gewürzsorbets. In jedem Fall verspeist man es mit dem Löffel, der dazu serviert wird. Unfein wäre es übrigens, den Glaskelch bis zum letzten Rest zu leeren oder den Rest gar noch auszutrinken.

➔ Saucen sind oftmals das Leckerste an einem Gericht. Kein Wunder also, dass man in Versuchung gerät ... In guten Restaurants werden Sie einen Saucen- oder Gourmetlöffel eingedeckt vorfinden. Damit nehmen Sie – mit dem Löffel in der rechten Hand – die köstliche Sauce auf.

Allerdings wird Ihnen wohl kaum jemand böse sein (außer bei einem wirklich feinen Bankett mit hochrangigen Gästen), wenn Sie mit einem kleinen Stückchen Weißbrot Sauce aufstippen. Es kommt immer darauf an, auf welche Weise Sie das machen: Vornehm und graziös ist es akzeptabel; wenn's es aber gierig und unästhetisch aussieht, ist es ein grober Fauxpas.

➔ Soufflés sind ein zarter Gourmettraum, der auf der Zunge zergeht – und dessen Leichtigkeit der Küche meist große Vorbereitung und viel Können abverlangt. Im Normalfall wird dazu ein Dessertbesteck eingedeckt. Man sticht mit dem Löffel vorsichtig Bissen für Bissen ab.

➔ Weißwurst ist eine bayerische Spezialität. Und hier streiten sich wirklich die Gelehrten, wie man sie richtig isst: Die einen gestatten nur das „Auszuzeln", wobei das Messer lediglich die Wurstspitze abschneidet. Danach wird die Wurst in süßen Senf getaucht und direkt mit dem Mund ausgesaugt. Vornehmer und üblicher ist es jedoch in jedem Fall, die Wursthaut der Länge nach aufzuschlitzen, das Brät auszulösen und dann einzelne Stücke in Senf getaucht mit der Gabel zu genießen.

➔ Zwiebelkuchen, meist mit Speckwürfeln, ist – wie die Quiche – ein deftig-pikanter Kuchen, der mit Messer und Gabel verzehrt wird. In rustikalen Weinlokalen darf man ihn auch mit den Fingern essen.

## Fingerfood – oder Fingergericht?

**So ähnlich es klingt – beides unterscheidet sich:**

➔ Unter Fingerfood versteht man kleine Häppchen, die auf jeden Fall mit den Fingern gegessen werden. Dazu wird stets nur eine Serviette aus Papier gereicht. Zu Fingerfood zählen kleine Snacks, die man entweder mit einem kleinen Spieß oder mit der Hand nimmt. Das sind z.B. Kanapees, Mini-Quiches, Fleisch-, Fisch- oder Gemüsebällchen, kleine Frühlingsrollen, belegte Kräcker, gefüllte Blätterteighäppchen, Mini-Pizzen, Gemüsestangen oder (Maxi-) Chips, die in Saucen gedippt werden und anderes, was im Mini-Format angeboten wird. Optimal ist die Größe, wenn man die Happen wirklich auf einmal in den Mund stecken kann und nicht abbeißen muss.

→ Zu Fingergerichten zählt man all jene Speisen, die „offiziell“ mit den Fingern gegessen werden dürfen – und das selbst im feinsten Restaurant! Das sind Artischocken, alle Arten von Schalentieren (Austern, Hummer, Krabben, Krebse, Langusten, Muscheln und Scampi) sowie Wachteln und Spareribs. Es gibt einige „Grenzfälle“ wie z.B. Lammkoteletts.

## Was man wie mit den Fingern isst

→ Die Artischocke ist ein typisches Fingergericht. Denn mit Messer und Gabel kommen Sie nicht weit. Die Blätter werden rundherum einzeln abgezupft und in die Sauce getunkt. Nur der untere, fleischige Teil dieser Blätter wird gegessen: Man fasst ihn mit den Vorderzähnen und zieht das Blatt durch. Nachdem etwa die Hälfte der Blätter so verspeist wurde, liegt der Boden der Artischocke frei. Das so genannte „Heu“ darauf ist ungenießbar und wird mit dem Besteck entfernt. Der Rest, das „Artischockenherz“ wird mit Messer und Gabel mundgerecht geschnitten und mit einer leckeren Sauce genossen.

→ Gemüse-Sticks werden auf Platten oder in mit Eis gefüllten Gefäßen gereicht. Dazu gibt es unterschiedliche Dips, also Saucen, Quarkzubereitungen oder verschiedene Majonäsesorten. Nehmen Sie einen Stick in die Hand, dippen Sie ihn in eine der Saucen, und beißen Sie anschließend ab. Servietten sollten zum Reinigen der Hände genügen.

→ Hot Dogs sind auf jeden Fall mit der Hand zu essen! Die Wurst im Brötchen wird mit oder ohne Zwiebeln, Senf und Ketchup oder Sauce verzehrt. Dazu gibt es lediglich eine Serviette.

→ Maiskolben wird man Ihnen im Feinschmeckerlokal kaum im Ganzen servieren. Im Steakhaus z.B. stehen sie jedoch durchaus auf der Karte. Das Gemüse wird meist schon vorbereitet serviert: Rechts und links steckt ein kleiner Spieß im Maiskolben, an dem Sie ihn greifen können. Bestrichen mit Butter führen Sie ihn nun zum Mund und knabbern die Maiskörner Reihe für Reihe heraus. Hüten Sie sich davor, wenn die kleinen Spieße fehlen, den Maiskolben in die Hände zu nehmen – zu diesem Gericht wird normalerweise keine Fingerschale gereicht, und Sie würden sich bekleckern. Bitten Sie lieber um eine zweite Gabel und verfahren Sie so wie mit den kleinen Spießen.

→ Oliven nimmt man entweder – wenn sie als Vorspeise serviert werden – mit der Hand oder mit einem kleinen Spießchen (das kann auch ein Zahnstocher sein) auf und steckt sie in den Mund. Das Problem ist nun die Entsorgung des Kerns – und hier werden Sie natürlich nicht plötzlich „vornehm“ und balancieren ihn vom Mund auf einen Löffel und dann auf den Tellerrand. Das geht einfacher: Sie dürfen die Finger benutzen.

→ Spareribs gelten allgemein als Fingergericht. Sie sollten allerdings darauf achten, dass es in einem feinen Restaurant durchaus üblich ist, auch bei diesem schwierigen Gericht mit Messer und Gabel zu „arbeiten“: Das Steakmesser ist so beschaffen, dass man das Fleisch leicht vom Knochen lösen kann.

→ Alle Schalen- und viele Krustentiere wie Scampis, Garnelen, Krebse – sofern sie nicht ausgelöst serviert werden – und Muscheln (ausgenommen im überbackenen Zustand) sind Fingergerichte.

→ Und so geht's: Der Kopf der Garnele wird mit der linken Hand gefasst, mit der rechten wird das Schwanzende durch Brechen und gleichzeitig leichtes Drehen abgetrennt. Damit Sie das Fleisch aus dem Schwanzpanzer herausziehen können, müssen Sie diesen mit den Fingern zusätzlich aufbrechen. Das ausgelöste Fleisch wird je nach Geschmack in die dazu servierten Saucen getaucht oder direkt gegessen. Mit den Fingern! Werden Garnelen bereits ausgelöst serviert, isst man sie selbstverständlich mit Messer und Gabel.

→ Der Hummer gilt als ausgesprochene Delikatesse! Falls Sie im Restaurant nicht von vornherein ein halbes Tier ordern können, wird der Hummer erst bei Tisch auf einem Brett der Länge nach halbiert und dann serviert. Und nun müssen Sie arbeiten, um an das köstliche Fleisch zu kommen: Lösen Sie von jeder Hälfte die Hummerschere durch einen kurzen Ruck ab. Der dickere Teil wird mit dem Messer angeschlagen – so können Sie ihn leicht brechen. Danach drehen Sie die vier zweigliedrigen Beine aus dem Körper. Das Fleisch lösen Sie mit einer speziellen Gabel aus der Schale. Das geht so: Halten Sie die Hummergabel in der rechten Hand mit den Zinken nach oben. Mit der linken halten Sie den Hummer-

Für den Riesenhamburger gilt: Greifen Sie ihn mit beiden Händen und beißen Sie – mit wenig Druck, damit keine Sauce oder Füllung nach außen tritt – vorsichtig ab. In vornehmen Restaurants – aber wer isst dort schon Hamburger – dürfen Sie auch die „Stockwerke“ mit Messer und Gabel einzeln verspeisen.

körper fest und heben mit dem löffelartigen Griff der Gabel den genießbaren Teil aus der Schale. Verzehrt wird das Ganze mit dem Fischbesteck. Nun geht es wieder an die Hummerschere: Die bereits angeschlagenen größeren Teile zieht man auseinander und löst das Fleisch mit der Gabel heraus. Mit dem kleineren Teil der Schere machen Sie es genauso, meist muss man sie hier aber nicht auseinander brechen. Die Beine des Hummers werden mit den Fingern an den Gelenken auseinander gebrochen und dann „ausgesogen".

➔ Krabben werden in Deutschland meist fertig geschält serviert. Wenn nicht (oder wenn Sie sich diesen Genuss mal im Urlaub leisten), gehen Sie so vor: Große Krabben, die bis zu zwei Kilogramm schwer werden können, essen Sie wie Hummer und Langusten. Kleinere werden mit den Fingern gerade gebogen (Kopf links, Schwanz rechts), bis die harte Schale bricht. Dann wird der Schwanzteil ruckartig vom Körper getrennt. Die einzelnen Glieder der Schale werden nun gelöst, das Fleisch wird mit den Fingern gegessen. Genießer saugen zudem noch die Köpfe der Krabben aus.

➔ Krebse werden von Hand gegessen. Zum Auseinandernehmen sollten jedoch Teller, Gabel und Krebsmesser bereitstehen. Sie sind übrigens das einzige Gericht, bei dem Sie „offiziell" eine (besonders große) Serviette um den Hals binden dürfen.

In guten Restaurants wird man Ihnen eine Extra-Serviette, fast in der Größe eines Latzes, anbieten – oft in roter Farbe: Krebsflecken lassen sich nur schwer aus Stoffen entfernen.

# Internationale Spezialitäten

Wie schon eingangs erwähnt: Die ausländische Küche ist bei uns zu einer Selbstverständlichkeit geworden. Auch wenn deutsche Rezepte und Lokale wieder im Kommen sind – allerdings sicher nicht unbedingt mit Omas Küche, sondern verfeinert und leichter im Genuss. Wer jedoch gerne „ausländisch" speist oder beruflich oft im Ausland unterwegs ist, sollte zumindest wissen, wie die gängigsten und beliebtesten Speisen gegessen werden.

➔ Chinesische und japanische Gerichte werden mit Stäbchen gegessen – und Sie sollten wissen, wie man das macht. Auch wenn in deutschen Chinarestaurants stets Gabel und Löffel eingedeckt werden. Es ist gar nicht so schwer: Ein Stäbchen liegt fest in der Beuge zwischen Daumen und Zeigefinger und wird auf den Ringfinger gestützt; das zweite Stäbchen bewegen Sie darüber mit Daumen und Zeigefinger. Mit diesem „Zangengriff" kann man selbst kleine Stücke gut aufnehmen. Mit ein wenig Übung werden Sie schnell zum Meister. Dazu mehr am Ende des Buches.

➔ Pekingente ist eine Spezialität jedes Chinarestaurants. Man isst sie so: Zuerst nimmt man sich einen Pfannkuchen, streicht (mit dem Löffel) etwas Sauce darauf, legt einige Gurkenstreifen und eine Frühlingszwiebel dazu und zuletzt ein Stück Entenfleisch. Der Pfannkuchen wird zum Päckchen gefaltet und mit den Fingern gegessen. Das restliche Entenfleisch wird am Ende des Essens als Suppe serviert.

➔ Beim Sushi gehören zu jedem Gedeck Sojasauce, Wasabi (eine Paste aus grünem Meerrettich), eingelegter Ingwer und ein Schälchen. Zuerst gießt man etwas Sojasauce in das Schälchen und rührt mit den Stäbchen Wasabi hinein. Bitte wenig nehmen – es ist sehr scharf und nachwürzen können Sie immer noch.

➔ Es gibt verschiedene Arten von Sushi: Maki sind gerollt, Nigiri mit Belag und Temaki tütenförmig. Maki und Nigiri steckt man sich ganz in den Mund, Temaki

Sie sind im Ausland zum Essen eingeladen und absolut verunsichert, wie ein Gericht verzehrt wird? Haben Sie keine Scheu nachzufragen. Das wird sympathischer wirken, als wenn Sie vorgeben, souverän zu sein – und sich dann beim Essen zeigt, dass Sie es absolut nicht sind.

sind die einzigen, von denen man abbeißen kann und sollte: Sie sind einfach zu groß, um sie auf einmal in den Mund zu schieben.

➔ Bevor man ein Sushi isst, tunkt man es kurz in die Sojasauce. Nigiri dippt man immer mit dem Belag ein, sonst klebt der Reis nicht mehr zusammen und das Röllchen fällt auseinander. Für Nigiri gibt es einen Trick: Man legt den Zeigefinger aufs hintere Ende des Belags und greift mit Daumen und Mittelfinger von den Seiten zu, so kommt der Fisch nicht ins Rutschen.

➔ Wenn man ein Sushi gegessen hat, isst man ein kleines Stück Ingwer oder trinkt einen Schluck Miso-Suppe oder grünen Tee, um den Gaumen für einen neuen Geschmack zu klären.

➔ Wenn die anderen Gäste mal von Ihren Sushi probieren möchten, reichen Sie die Häppchen bitte niemals von Stäbchen zu Stäbchen weiter: Das ist in Japan tabu (bzw. einem Beerdigungsritual vorbehalten). Legen Sie das Sushi besser mit den Stäbchen auf der anderen Platte ab.

➔ Für Pizza gelten zwei verschiedene Regeln: Am Pizzastand oder auf der Straße isst man sie natürlich mit der Hand, im Restaurant wird die Pizza mit Messer und Gabel geschnitten. Teilen Sie die Pizza am besten wie eine Torte in einzelne Stücke und essen Sie dann Stück für Stück. Es sollte klar sein, dass der Rand im Normalfall mitgegessen wird und es nicht von feiner Lebensart zeugt, nur den Belag zu essen und den „abgefutterten" Boden liegen zu lassen.

➔ Spagetti zu essen, galt früher als „Kunst", sollte heute aber eine Selbstverständlichkeit sein. Absolut verpönt ist das Messer, erlaubt ist die Hilfe eines Löffels. Könner legen sich drei oder vier Nudeln mit der Gabel auf den Tellerrand und wickeln sie dann geschickt auf. Wer den Löffel als Unterstützung benötigt, hält ihn übrigens in der linken Hand.

➔ In arabischen und anderen muslimischen Ländern, wo noch viel mit der Hand gegessen wird, müssen Sie vor allem beachten, dass Sie dies stets nur mit der rechten Hand tun. Die linke gilt als unrein!

Informieren Sie sich grundsätzlich vor einer Reise darüber, wie man was in anderen Ländern isst, und wie man sich bei Tisch benimmt. Fettnäpfchen können sehr peinlich sein und zu Missverständnissen mit negativen Folgen führen!

# Die Getränke

Zwei altbekannte Sprichwörter besagen: „Essen und Trinken hält Leib und Seele zusammen“ und „Auf einen guten Bissen gehört ein guter Trunk.“ Kein erlesenes Essen also ohne das passende Getränk! Selbst wenn Sie in Ihrem Stammlokal lieber zum Bier greifen oder generell eher Softdrinks und Mineralwasser bevorzugen: Wahre Feinschmecker wissen, dass das Aroma feiner Speisen erst durch den Genuss des entsprechenden Weins perfekt ergänzt und abgerundet wird. Kenner halten sich dabei an den Ausspruch eines der berühmtesten Gourmets aller Zeiten, nämlich Jean Anthelme Brillat-Savarin (1755-1826): „Wer sich den Magen überlädt oder sich berauscht, versteht nichts vom Essen und Trinken.“

Brillat-Savarin hat in seinem umfassenden Werk „Die Physiologie des Geschmacks“ (an dem er 25 Jahre gearbeitet haben soll) nicht nur die Zubereitung erlesenster Speisen beschrieben, sondern auch allgemein anerkannte Ansichten zu den Freuden des Tafelns niedergelegt. Wichtig dabei war ihm die Unterscheidung zwischen Gourmand (französisch für Schlemmer, Vielfraß) und Gourmet (französisch für Feinschmecker).

## Getränkekunde: Alkoholisches – Aperitif, Wein, Bier und Digestif

Wenn Sie zu einem großen Bankett geladen sind, werden Sie stets Alkohol serviert bekommen. Selbst wenn Sie normalerweise nichts Alkoholisches zu sich nehmen: Bitte bestellen Sie nicht einfach um, sondern klären Sie das mit dem für Sie zuständigen Kellner diskret. Oder trinken Sie das gefüllte Glas nicht aus – je nachdem, was weniger Aufsehen erregt. Denn Ihr Gastgeber hat sich sicher große Mühe gegeben, eine rundherum gelungene Feier auszurichten – und es zeugt nicht von feiner Lebensart, dies rücksichtslos zu missachten.

**Üblicherweise wird Ihnen Folgendes an Getränken angeboten:**

→ Ein Aperitif vor der Mahlzeit: Champagner, Sherry o. Ä.

→ Keine Getränke zu Vorspeise und Suppe

→ Leichter Weißwein zu Fisch

→ Etwas schwererer und süffiger Weißwein zu hellem Fleisch

→ Rotwein zu dunklem Fleisch, vor allem zu Wild

→ Champagner oder einen Dessertwein zum Nachtisch

→ Kaffee bzw. Mokka oder Espresso mit einem Digestif am Ende der Mahlzeit

## Die Gläser verraten Ihnen, was es zu trinken gibt

Ein Blick auf Ihren Platz am Tisch verrät Ihnen, was Sie beim Essen an Getränken erwartet: Denn nicht nur das Besteck, sondern auch die Gläser werden in der Reihenfolge ihrer Verwendung aufgestellt, und zwar rechts neben dem Teller, in einer Reihe hintereinander. Die Reihe kann leicht schräg verlaufen. Sie müssen nur dies wissen: Das Glas am rechten Rand ist das erste, das Sie benutzen werden. Das bedeutet, dass zuerst das Sherryglas steht, dann kommen die Gläser für Weißwein, Rotwein, Champagner oder Sekt.

## Vom Aperitif bis zum Digestif

➔ Sherry trinkt man aus schmalen, eher kleinen Weingläsern. Manchmal ähneln sie einem niedrigen Sektkelch.

➔ Bier genießt man – hin und wieder auch bei einem festlichen Essen als Aperitif – aus sehr unterschiedlichen Gläsern. Ein Bierkenner wird das „Frischgezapfte" am liebsten aus dem klassischen Ton- oder Keramikkrug genießen. Den gibt es aber in einem guten Restaurant kaum. Aber auch aus dem Glas getrunken schmeckt Bier gut: Weizenbier aus hohen Halblitergläsern, das Pils aus der bekannten „Pilstulpe", Kölsch oder Alt aus einem geraden Glas, das man auch „Stange" nennt.

➔ Für Wein kennen wir die unterschiedlichsten Glasformen – und das hat seinen Grund: In jeder Form entfaltet sich das Aroma eines edlen Tropfens auf ganz bestimmte Art und Weise.

➔ Sekt und Champagner wird bei uns – im Gegensatz zu angelsächsischen Ländern – aus dem hohen Kelch getrunken. Nur darin zeigen sich die aufsteigenden Perlen aufs Beste – und sie gehören zum Genuss ja dazu! Sektschalen benutzt man hierzulande vor allem für Cocktails auf Sekt- oder Champagnerbasis.

➔ Bei Cognac und anderen Weinbränden (etwa der Armagnac und auch der Calvados) spielt neben dem Genuss auf der Zunge auch die Entfaltung des Aromas eine wichtige Rolle. Deshalb werden sie in einem speziellen Glas, dem so genannten Schwenker serviert. In guten Restaurants (und auch zu Hause) sollte das Glas auch leicht vorgewärmt sein.

➔ Schnaps (z.B. ein „Klarer") genießt man meist aus kleinen, manchmal geschwungenen Gläsern. Oft sind diese sogar eisgekühlt. Man kann Schnaps auch aus kleinen Steinguttöpfchen sowie Zinn- oder Silberstamperln trinken.

➔ Obstbrände wurden früher ebenfalls in einem „Stamperl", also einem kleinen Glas angeboten. Heute serviert man sie allerdings oft ebenfalls in einem kleinen Schwenker: Der Duft und das Aroma der entsprechenden Obstsorte entfaltet sich so aufs Beste. Übrigens: Obstbrände trinkt man nicht eiskalt, sondern mit Zimmertemperatur.

Heute ist es durchaus üblich, dass viele gerade bei einer Veranstaltung am Tage keinen Alkohol trinken möchten. Als guter Gastgeber tragen Sie dem Rechnung und bieten auch eine Auswahl nicht-alkoholischer Getränke an.

## Weingenuss aus unterschiedlichen Gläsern

**Es gibt regionale Unterschiede in der Form des Weinglases – allerdings nicht bei einem festlichen Bankett. Da hält man sich an die traditionellen Formen des Weinglases. Dennoch unterscheiden sich die Gläser für die einzelnen Weinsorten:**

➔ Das Weißweinglas ist klein, das Dessertweinglas sogar noch zierlicher. Beide sind nach oben gerade oder sogar leicht nach außen geschwungen.

➔ Leichte Rosé- und Weißherbstweine entfalten das Aroma am besten in einem leicht geschwungenen Glas.

➔ Rotwein trinkt man fast immer aus großen und breiten Kelchen. Die meisten Gläser haben sogar eine nach oben leicht geschlossene Form. Hier braucht der Wein besonders viel Platz zum „Atmen".

## So kommt Wein optimal zur Geltung

Dass die Form des Glases wichtig ist für den perfekten Weingenuss wissen Sie bereits. Doch es gibt noch andere Kriterien, die bestimmend sind für höchsten Wohlgeschmack: Die Temperatur muss stimmen. Die ideale Trinktemperatur für die meisten Rotweine liegt bei 18-20 Grad Celsius. Leichte Rotweine sollten bis zu 13 Grad gekühlt werden. Bei den meisten Weißweinen empfiehlt sich eine Trinktemperatur von 13-16 Grad.

**Übrigens:** Weißwein muss niemals und Rotwein auch nicht immer dekantiert (also in eine Karaffe umgefüllt) werden. Rotweine nur dann, wenn sich in der Flasche ein Depot gebildet hat. Bei einigen hochwertigen Rotweinen, z.B. aus Bordeaux und Burgund, kann das „Lüften“ (also das Öffnen der Flasche bzw. Dekantieren) etwa eine halbe Stunde vor dem Genuss Geschmack und Duft verstärken. Es gibt einige wenige Ausnahmen, bei denen sogar ein paar Stunden Luftzufuhr geschmackliche Vorteile bringen, z.B. bei hochwertigem italienischen Barolo.

## Ihr Geschmack entscheidet

Ob ein edler Tropfen Ihnen mundet – das ist ganz allein Ihre Sache. Selbstverständlich gibt es Kriterien, die objektiv die Qualität eines Weins beurteilen. Dennoch: Ob er Ihnen schmeckt, entscheidet Ihre Zunge, Ihr Gaumen. Dabei spielen nicht nur die Geschmacksknospen auf der Zunge eine Rolle, sondern auch Ihre Erfahrung. Wer noch niemals Wein getrunken hat, wird nicht abschätzen können, was er im Glas hat. Beim Kenner hingegen kommt es auf die Erwartungshaltung an: Wenn Sie einen schweren und reichhaltigen Burgunder zum Wildgericht lieben, werden Sie sich mit einem leichten Beaujolais kaum zufrieden und glücklich schätzen.

→ Sie haben sich für einen Wein entschieden? Dann genießen Sie ihn. Öffnen Sie die Flasche vorsichtig – und zwar so: Reinigen Sie den Bereich um den Weinkorken sorgfältig, aber achten Sie darauf, die Flasche nicht unnötig zu schütteln. Gut geeignet sind Korkenzieher mit einer hohlen Spindel, denn sie zerschneiden den Korken nicht und so gelangen keine Korkstückchen in die Flasche. Den Korkenzieher dreht man möglichst senkrecht hinein und zieht den Korken dann mit einer senkrechten Bewegung heraus. Sitzt er sehr fest, kann man den Flaschenhals leicht erwärmen. Bricht der Korken ab, hilft es oft nur, ihn vorsichtig in die Flasche zu drücken.

Prinzipiell füllt man ein Weinglas etwa zu zwei Dritteln voll. Es ist schlechter Stil, den Wein randvoll einzuschenken! Rosé wird nur halbvoll eingeschenkt und Rotwein sogar nur zu einem Viertel.

→ Nehmen Sie sich Zeit für den Weingenuss! Wer den Inhalt seines Glases einfach „hinunterkippt“, ist ganz gewiss kein Kenner und auch kein Genießer. Bewundern Sie die Farbe, freuen Sie sich an der „Blume“ des Weins, also an seinem Duft. Lassen Sie den ersten Schluck genüsslich über die Zunge rollen, „schmecken“ Sie ganz bewusst das Aroma. Zwar erkennt unsere Zunge nur vier Geschmacksrichtungen: nämlich an der Spitze süß, an den Rändern sauer, weiter zur Mitte salzig und ganz hinten am Zungengrund bitter. Dennoch ist der langsame Schluck wichtig: So wird der Wein im Mund erwärmt und kann all seine Aromen entfalten.

## Wein und Essen vertragen sich nicht immer gut

Die logische „Geschmacksfolge“ von Wein und Speisen muss zusammenpassen: Weine als auch das Menü steigern sich von leichteren über delikateren bis zum kräftigen Geschmack. Dabei sollten Sie Folgendes beachten:

→ Bei einem festlichen Essen soll Wein den Geschmack der Speisen unterstreichen, ihn keinesfalls überdecken. Vergessen Sie nicht, dass Alkohol uns den Geschmack von Süßem und Gewürztem stärker erscheinen lässt: Fetthaltige Speisen bekommen uns mit all jenen Weinen besser, die reich an Säure, Gerbstoff und Alkohol sind. Kräftig gewürzte Speisen schmecken in Verbindung mit alkoholreichen Weinen noch kräftiger. Und Salz sorgt dafür, dass wir Aroma- und Bitterstoffe in Wein und Speisen verstärkt wahrnehmen.

→ Bei Sekt und Champagner verdeckt die Kohlensäure teilweise die Süße im Geschmack der Speisen. Andererseits wirken Schaumweine süßer, als sie tatsächlich sind.

→ Wein und Käse „mögen“ sich bekanntlich. Aber auch hier muss man die richtigen „Geschmackspaare“ bilden: Alkoholreiche, fruchtige Weißweine schmecken am besten zu einem milden Käse. „Alte“ Burgunder passen dafür eher zu gereiften und kräftigen Käsesorten.

**Es gibt ein paar Speisen, die sich mit Wein so gar nicht vertragen:**

→ Vorsicht bei allen Vinaigrettes sowie allen Zubereitungen mit Zitronen und/oder Tomaten: Die

Säure dieser Nahrungsmittel überdeckt nämlich die fein ausgewogene Säure in vielen Weinen. Ausnahmen sind nur solche edlen Tropfen, die ebenfalls viel Säure enthalten.

➔ Als „gefährlich" zu Wein gelten außerdem Eier. Bestimmte Bestandteile des Dotters versiegeln unsere Papillen (das sind die Geschmacksknospen auf der Zunge) – dann schmeckt Wein manchmal metallisch.

➔ Artischocken vertragen sich nicht mit Wein, denn sie enthalten Cynarin: Es lässt ihn viel süßer oder metallisch schmecken.

## Das beliebte Getränk der Deutschen: Bier

Seit dem Jahr 1516 gilt das deutsche Reinheitsgebot, nach dem Bier bei uns nur aus Wasser, Malz, Hopfen und Hefe gebraut werden darf. Die zur Gärung verwendete Hefe ist entscheidend dafür, welche der beiden Bierarten entsteht: untergäriges oder obergäriges Bier.

➔ Untergärig sind etwa 85 Prozent der Biere, die hierzulande gebraut werden, z.B. Pils, Export, Helles und Märzen, aber auch Starkbier, Bockbier und Doppelbock.

➔ Nur etwa 15 Prozent der deutschen Biere sind obergärige Biere. Dazu gehören z.B. Alt, Kölsch, Weizen, Weizenbock, Weizendoppelbock, Berliner Weiße und Malztrunk. Der Name „Alt" übrigens leitet sich von der alten, obergärigen Brauweise ab.

Für die Biergattung entscheidend ist nicht der Alkoholgehalt des Endprodukts, sondern ein bestimmter Stammwürzegehalt. Die Stammwürze wird vor der Gärung bestimmt und gemessen. Danach unterscheidet man:

➔ Bier mit niedrigem Stammwürzegehalt (das ist das ehemalige „Einfachbier") mit einem Stammwürzegehalt unter sieben Gewichtsprozent und etwa 0,5 bis drei Volumenprozent Alkohol.

➔ Schankbier wie Berliner Weiße und Leichtbier mit sieben bis unter elf Gewichtsprozent Stammwürze; es enthält etwa drei bis viereinhalb Volumenprozent Alkohol.

➔ Vollbier mit elf bis unter 16 Gewichtsprozent Stammwürze enthält etwa viereinhalb bis fünfeinhalb Volumenprozent

Selbst wenn man es oft anders sieht – im realen Leben wie im Film und Fernsehen: Gläser mit Stiel fasst man auch immer am Stiel an. Der Grund: Zum einen bleibt Ihr Glas von Fingerabdrücken verschont, zum anderen erwärmt sich das Getränk nicht. Und zum Dritten: Beim Anstoßen klingt ein Glas nicht, wenn Sie es oben anfassen.

Alkohol. Vollbiere sind die beliebtesten Biere: Pils, Weizen, Märzen, Alt oder Kölsch zählen dazu.

➔ Starkbier wie Bockbier oder Ähnliches hat eine Stammwürze von mehr als 16 Gewichtsprozent und meist mehr als sechs Volumenprozent Alkohol.

Selbst wenn Bierkenner das vielleicht anders sehen: Im Gegensatz zum Wein gibt es – wegen des Reinheitsgebots – bei deutschen Bieren keine qualitativen Unterschiede. Die gibt es aber wohl zu Biersorten, die aus dem Ausland importiert werden. Welches Bier Sie bevorzugen, hängt ganz von Ihrem persönlichen Geschmack ab.

## Getränkekunde: Nicht-Alkoholisches – Wässer, Saft, Softdrinks, Kaffee und Tee

Selbst wenn zu einem gelungenen Festessen stets auch der Genuss von Alkohol gehört – in Maßen selbstverständlich –, sollten Sie sich auch bei nichtalkoholischen Getränken ein wenig auskennen. Sind Sie selbst Gastgeber und gehören zu Ihren Gästen auch solche, die keinen Alkohol mögen oder aus anderen Gründen keinen Alkohol zu sich nehmen, bieten Sie – neben Mineralwässern – auch Säfte an. Und am Ende des Essens steht traditionsgemäß ein allseits beliebtes Heißgetränk: nämlich der Kaffee – gerne als Mokka oder Espresso.

## Wissenswertes über Wasser

Mineralwasser ist zu einem Modegetränk geworden. Nicht erst in unserer Zeit übrigens. Und es war nicht immer ein so preiswertes Vergnügen wie heutzutage. Schon Römer und Germanen genossen das erfrischende Getränk direkt aus der Quelle. Aus weit entfernten Provinzen wurde es bis in die Weltstadt Rom transportiert – und dort gegen Wein oder Bargeld eingetauscht. Kaiser und Könige schätzten die belebende Wirkung von Mineralwasser: Für den russischen Zarenhof gab es sogar einen speziellen Kurierdienst, der regelmäßig deutsches Wasser nach Sankt Petersburg transportierte.

Seit etwa 50 Jahren ist Mineralwasser zu einem Getränk für jedermann geworden. Der Grund dafür: Die technische Entwicklung hatte es möglich gemacht, dass neue Brunnen erschlossen wurden, dass die Abfüllung in Flaschen und auch der Versand im großen Stil das Wasser preiswerter machten. Man kann sich den Alltag ohne Mineralwasser gar nicht mehr vorstellen: Ob bei Konferenzen oder am Arbeitsplatz, ob im Restaurant oder beim Sport, ob beim trauten Dinner zu zweit daheim oder bei der Riesenfete mit allen Freunden und Bekannten, ob als Durstlöscher im Sommer oder als „Standardgetränk" – tagaus, tagein trinken wir erfrischendes Mineralwasser.

Wer Wasser trinkt, hat heute die Qual der Wahl: Mehr als 400 Mineral- und etwa 70 Heilwässer kommen allein aus den 225 deutschen Brunnenbetrieben; dazu kommen noch die berühmten Wässer aus dem Ausland – aus Italien und Frankreich beispielsweise.
Außerdem im Angebot: Quell- und Tafelwässer. Kein Wunder, dass so mancher ratlos ist: Was ist denn nun eigentlich der Unterschied zwischen all den Sorten? In der „Mineral- und Tafelwasserverordnung" steht genau, für welches Wasser welche Kriterien bestimmend und gesetzlich vorgeschrieben sind:

→ Natürliches Mineralwasser entstammt stets einem unterirdischen Vorkommen. Es ist daher vor jeglicher Verunreinigung geschützt und muss – das schreibt der Gesetzgeber vor! – direkt an der Quelle abgefüllt werden.

→ Natürliches Heilwasser entstammt ebenfalls unterirdischen Wasservorkommen und ist deshalb vom Ursprung her rein. Es enthält zusätzlich auch heilwirksame Mineralien und Spurenelemente.

→ Auch Quellwässer müssen aus unterirdischen Wasservorräten stammen. Sie dürfen ebenfalls nicht in ihrem Charakter verändert werden und stammen direkt vom Quellort.

→ Tafelwässer sind kein Naturprodukt, sie werden industriell hergestellt. Sie können eine Mischung aus Trink-, Quell- und Mineralwasser sein und sogar Meerwasser oder Sole beinhalten. Tafelwasser benötigt keinerlei amtliche Anerkennung, es darf überall abgefüllt und im Restaurant sogar über Thekenzapfgeräte ausgeschenkt werden.

## Was man über die Kohlensäure wissen sollte

Der Kohlensäuregehalt ist wichtig für das „Prickeln" im Mineralwasser. Auf zwei Arten gelangt Kohlensäure ins Wasser: Sie ist von Natur aus im Mineralwasser enthalten. Das ist immer dann der Fall, wenn das Tiefenwasser mit erkaltenden Magmamassen in Berührung kommt. Oder man setzt Kohlensäure künstlich zu. Aus dem Flaschenetikett kann man erkennen, wie es bei „Ihrem" persönlichen Wasser mit der Kohlensäure bestellt ist:

→ „Natürliches kohlensäurehaltiges Mineralwasser" enthält genau so viel an Kohlensäure wie die Quelle selbst, aus der das Wasser abgefüllt wird.

→ „Natürliches Mineralwasser mit eigener Quellenkohlensäure versetzt" wird auf dem Etikett vermerkt, wenn das Wasser zusätzlich mit Kohlensäure versetzt wurde und nach der Abfüllung in Flaschen mehr „Prickeln" aufweist als direkt beim Quellaustritt. Die zugesetzte Kohlensäure muss bei dieser Etikettbezeichnung jedoch aus demselben Quellvorkommen stammen.

→ „Natürliches Mineralwasser mit Kohlensäure versetzt" enthält Kohlensäure, die nicht aus der selben Quelle wie das Wasser stammt.

→ „Säuerling" dürfen sich Mineralwässer nennen, die mehr als 250 Milligramm pro Liter quelleigene Kohlensäure enthalten.

→ „Sprudel" wird ein Mineralwasser genannt, dem man bereits vor der Abfüllung schon Kohlensäure zugesetzt hat.

Wasser schmeckt übrigens am besten aus dünnwandigen Gläsern. Wenn das Glas zudem am Rand leicht ausgestellt ist, fließt das Wasser so direkt auf die Zungenspitze und man nimmt den Geschmack noch besser wahr. Je enger sich der Rand des Glases schließt, umso weiter verlagert sich das Geschmackserlebnis auf den hinteren Bereich der Zunge. Wasser mit Kohlensäure sollte immer aus Gläsern mit kleinerer Öffnung genossen werden, in denen das Wasser nur eine geringe Oberfläche hat, damit das frische Prickeln nicht so schnell entweichen kann.
Auf die richtige Temperatur kommt es auch an. Zu kalt kann es zu einem gereizten Magen führen, zu warm erscheint das Wasser fad.

## Fruchtsaft, Fruchtnektar – was ist was?

Es ist natürlich Geschmackssache, was Sie trinken. Nur soviel vorab: Zu einem Menü, bei dem alle Speisen aufeinander abgestimmt sind und auch die entsprechenden Weine ausgesucht wurden, passt Saft nicht ins Bild. Und nicht zum Geschmack. Dennoch sollten Sie wissen, dass man dreierlei Qualitäten unterscheidet:

➔ Fruchtnektar ist eine Mischung aus Fruchtsaft und/oder Fruchtmark, Wasser und Zucker. Der vorgeschriebene Mindestfruchtgehalt beträgt je nach Fruchtart zwischen 25 und 50 Prozent.

Die Fruchtanteile müssen genau auf dem Etikett angegeben sein. Fruchtnektare enthalten keinerlei Konservierungsstoffe oder chemische Zusätze.

➔ Was als „Fruchtsaft“ bezeichnet wird, muss reinen Fruchtsaft enthalten – ganz gleich, ob es sich um Apfel-, Orangen-, Traubensaft oder andere Sorten handelt. Auf der Verpackung finden Sie dann den Hinweis „zu 100 Prozent aus gepresstem Obst“. Fruchtsäfte dürfen keine Konservierungs-, Farbstoffe oder sonstigen chemischen Zusätze enthalten.

➔ Frische Säfte sind den Säften aus Flaschen oder Dosen natürlich weit überlegen. Sie enthalten wesentlich mehr Nährstoffe und Enzyme. Abgepackte Säfte dagegen sind pasteurisiert, um sie haltbar zu machen. Dabei gehen viele Vitamine und Mineralstoffe verloren.

➔ Fruchtsaft-Getränke sind eine Mischung aus Tafelwasser und Fruchtsäften, Fruchtsaftgemischen oder Dicksäften. Der Fruchtsaftanteil ist bei diesen Getränken relativ niedrig. So benötigt Fruchtsaft aus Kernobst nur einen Saftanteil von 30 Prozent. Der genaue Saftanteil muss auf dem Etikett vermerkt sein.

Wem „Wasser pur“ zu fad ist, dem kann geholfen werden! Ein Schuss Weiß- oder Rotwein, die Mischung mit Apfelsaft (oder einem anderen Fruchtsaft) und sogar ein paar Tropfen Apfelessig machen das Mineralwasser zum spritzig-fruchtigen oder erfrischend-süffigen Getränk.

## Die heißen Getränke

Direkt zum Essen wird man beides wohl nicht trinken. Außer zum Frühstück und zur Kaffeetafel (bzw. zum Fünf-Uhr-Tee) selbstverständlich.

## Wissenswertes über Tee

Verzichten Sie aufs Tee-Ei: Es ist viel zu klein, als dass sich Geschmack und Aroma optimal entfalten könnten.

Unter Tee verstehen wir allgemein den so genannten Schwarzen Tee. Als Getränk genießen wir den Aufguss aus den Blättern der Teepflanze. Dabei werden – meist noch von Hand – die grünen Blätter gepflückt. Die beiden jüngsten, oberen Triebe und die Blattknospe ergeben besonders hochwertige Tees. Es gibt heute – neben China – diese Hauptanbauländer:

→ Indien mit den Anbaugebieten Darjeeling und Assam (das weltgrößte zusammenhängende Anbaugebiet)

→ Sri Lanka mit den Anbaugebieten Dimbula, Nuwara, Elytia und Uva. Die Tees aus Sri Lanka werden immer noch nach dem früheren Namen „Ceylon" genannt.

→ Indonesien mit den Anbaugebieten Java und Sumatra

→ Kenia mit den Anbaugebieten Kericho, Nädi und Sotitz

Die ersten Tees nach der Winterperiode (März bis April) nennt man „First flush" (erster Trieb). Sie haben ein grünherb-bitteres Aroma und sind hell in der Tasse. Von Ende Mai bis Mitte Juli dauert die „Second flush"-Periode (zweiter Trieb). Sie ergibt einen dunklen Tee mit würzigem Aroma.

Leider werden Sie heute kaum noch ein Restaurant finden, in dem man Tee „auf die gute alte Art" macht, Ihnen nämlich keinen Teebeutel mit heißem Wasser serviert. Geschmacklich ist das leider – das wird Ihnen jeder Teekenner bestätigen – nur eine Notlösung. Allerdings eine, die mittlerweile fast überall gang und gäbe ist. Richtig zubereitet wird Tee so: Man rechnet einen gestrichenen Teelöffel Blätter pro Tasse. Die Kanne bzw. die Tasse wird vor dem Aufgießen heiß ausgespült, und dann wird der Tee in einem Sieb oder Teenetz mit sprudelnd kochendem Wasser aufgebrüht.

Man lässt Tee zugedeckt etwa fünf Minuten ziehen – länger

nicht, sonst verliert er sein Aroma und schmeckt eher bitter. Erfrischend wirkt Tee, wenn er dagegen nur etwa drei Minuten zieht. In Gegenden mit sehr kalkhaltigem Wasser sollten Sie entweder kräftigere Teemischungen verwenden oder aber das Wasser zum Teekochen durch einen Filter laufen lassen.

## Was ist Grüner Tee?

Grüner Tee stammt von der selben Pflanze wie Schwarzer Tee, wird jedoch nicht fermentiert. Er enthält noch alle Bitterstoffe, die beim Schwarzen Tee durch das Fermentieren verringert werden, und hat daher einen sehr herben Geschmack. Von Grünem Tee kann man bis zu drei Aufgüsse machen. Den zweiten Aufguss lassen Sie nur noch 90 Sekunden, den dritten sogar nur noch 30-60 Sekunden ziehen. Bei Grünem Tee wird das Wasser aufgekocht und sollte danach 10 Minuten abkühlen. Erst danach wird es über die Blätter gegossen. Grünen Tee wirkt anregend, wenn man ihn zwei bis drei Minuten ziehen lässt. Bei einem Zeitraum von drei bis acht Minuten schmeckt er stark aromatisch. Nach dem Ziehen wird Grüner Tee aus der Kanne in die Tassen gegossen, die Blätter bleiben unterdessen in der Kanne.

## Wissenswertes über Kaffee

Im Durchschnitt trinkt jeder Deutsche vier Tassen Kaffee am Tag, das entspricht 160 Litern bzw. 6,7 Kilo pro Jahr. Damit ist Kaffee noch vor Bier das beliebteste Getränk der Deutschen. Allerdings: Weltmeister sind die Finnen mit fünf Tassen pro Tag.

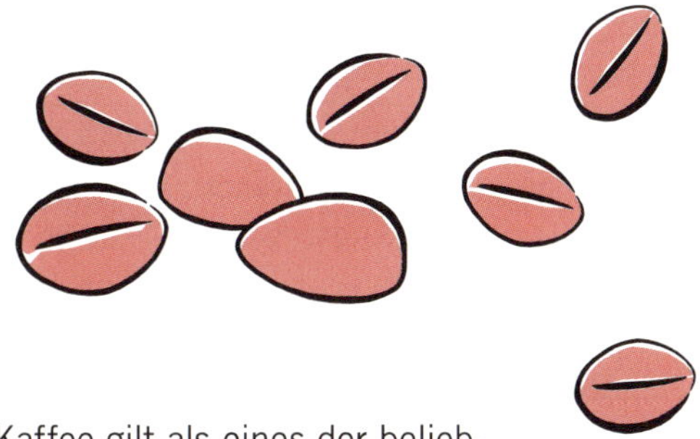

Kaffee gilt als eines der beliebtesten Getränke. Es gibt weltweit etwa 80 Kaffeepflanzen, nur zwei davon haben jedoch für den Kaffeehandel Bedeutung. Hauptsächliche Herkunftsländer für Kaffee sind Süd- und Mittelamerika sowie Afrika. Brasilien ist der weltweit größte Produzent von Kaffee, danach folgen Vietnam und Indonesien. Man kennt bei Kaffee drei Geschmacksrichtungen:

→ die hocharomatische „Spitzensorte“

→ den kräftigen Typ „Mocca“ und

→ den „Naturmilden Kaffee“.

Die Auswahl der Sorten entscheidet darüber, ob Ihr Kaffee ein kräftigeres oder eher mildes Aroma hat. Dies sind die wichtigsten Sorten:

→ „Arabica“ mit einem Weltmarktanteil von ungefähr 60%. Diese Bohnensorte enthält nur die Hälfte des Koffeins wie die „Robusta“ und wird vor allem wegen ihres Aromas geschätzt.

→ „Robusta“ hat einen Anteil von etwa 36% an der Weltproduktion. Diese Sorte ist besonders widerstandsfähig und hat eine kurze Reifungszeit (gegenüber der „Arabica“).

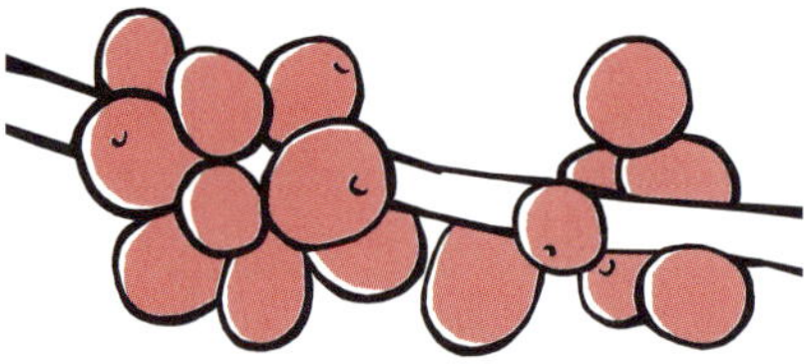

→ „Excelsa“ ist eine Bohnenrarität, die 1904 am Tschadsee gefunden wurde. Sie hat – trotz des kräftigsten Wuchses aller Bohnensorten – nur einen Anteil von 1% am Weltmarkt.

## Wie man Kaffee zubereitet

Natürlich kommt es immer auf den persönlichen Geschmack an. Aber prinzipiell kennen wir verschiedene Methoden, wie man zu seiner Tasse Kaffee kommt:

→ Von Melitta Bentz („Melitta-Tüten“) wurde 1908 das Verfahren erfunden, Kaffeepulver in einer Filtertüte zu überbrühen. Der „Filterkaffee“ ist bei uns eine der beliebtesten Zubereitungsarten.

→ Beim Espresso – nicht nur in Italien beliebt! – wird Wasser mit hohem Druck (9–15 bar) durch den fein gemahlenen Kaffee geleitet. Bei guter Qualität wird der Kaffee dabei für jede Portion frisch gemahlen, die Kaffeeöle bilden einen Schaum – die so genannte Crema.

→ „Türkischer Kaffee“ wird gemacht, in dem man sehr fein gemahlenes Kaffeepulver mit reichlich Zucker und Wasser in einem speziellen Kesselchen aufkocht. Diese Methode ist nicht nur in der Türkei und Griechenland, sondern auch in vielen Balkanländern üblich.

→ In Frankreich sehr beliebt ist das Kaffeekochen mit einer

Pressstempelkanne: Dabei gibt man Kaffeepulver (wie beim türkischen Kaffee) direkt ins heiße Wasser und trennt das entstehende Kaffeegetränk nach ein paar Minuten mit einem Metallsieb vom Pulver.

➔ Beim löslichen Kaffee wird ein Getränkepulver in heißem Wasser aufgelöst – und dann kann man ihn sofort trinken.
Das Getränkepulver gewinnt man, indem man den Kaffee nach einer der anderen Methoden zubereitet und dann das Wasser entzieht.

Geschmack und Wasserqualität entscheiden darüber, wie viel Kaffeepulver pro Tasse aufgebrüht werden sollte. Die Faustregel: Sechs bis acht Gramm gemahlener Bohnenkaffee pro Tasse und einen Kaffeelöffel „extra" für die Kanne. Bei hartem, kalkhaltigem Wasser braucht man eine höhere Dosierung.
Für den Mokka rechnet man 15 Gramm pro Tasse, für Espresso etwa 23 Gramm.

## Kaffee International

Die Österreicher gelten weltweit als Weltmeister, was die unzähligen Zubereitungsarten und auch Bezeichnungen angeht, wie ein Kaffee genossen werden kann. Aber auch andere Nationen sind Kaffeeexperten ...

➔ In Deutschland kennen wir als besondere Spezialität z.B. den Eiskaffee (gekühlter Kaffee mit Vanilleeis), den Pharisäer (schwarzer Kaffee mit Rum, Zucker und mit reichlich Schlagsahne überdeckt) sowie den Rüdesheimer Kaffee (Kaffee mit Weinbrand flambiert, mit Schlagsahne, Vanillezucker und Schokoladestreusel).

➔ In Österreich (und auf dem Gebiet der ehemaligen k.u.k.-Monarchie) gibt es wohl die meisten Kaffeespezialitäten. Hier reicht der Platz nicht aus, um sie alle aufzuzählen. Am bekanntesten sind wohl der „Einspänner" (großer Mokka im Henkelglas mit Schlagsahnehaube), der „Große Braune" (doppelter Espresso mit Milch in großer Tasse), der „Kleine Braune" (einfacher Espresso mit Milch oder Sahne in kleiner Tasse) sowie die Melange (halb Kaffee, halb Milch) und die Wiener Melange (eine Melange, mit geschäumter Milch im Glas serviert).

➔ Aus der Schweiz kommt z.B. der Schümli (Kaffee mit „Crema").

Handelszentrum war die Hafenstadt Mocha (auch Mokka genannt), das heutige Al Mukha im Jemen. Mit dem Aufstieg des osmanischen Reiches wurde das Getränk immer beliebter. In Istanbul soll Kaffee 1517 erstmals aufgetaucht sein.

Aus Abessinien soll der Kaffee stammen: Das belebende Getränk soll von Hirten entdeckt worden sein, die sich darüber beklagten, dass ihre Ziegen so unruhig waren, wenn sie von den Blättern eines bestimmten Strauchs gefressen hatten.

➔ Berühmt aus Frankreich ist Café au lait (eine Variante eines stärkeren Cappuccino mit wenig Milchschaum), der dort aus großen Schalen zum Frühstück getrunken wird.

➔ Auch Italien hat in Sachen Kaffee viel zu bieten: Caffè latte ist die italienische Variante des Milchkaffee (je zur Hälfte heiße Milch und Espresso), der berühmte Cappuccino (je ein Drittel Espresso, heiße Milch und Milchschaum, oft mit Kakaopulver und/oder Zimt bestreut) sowie Caffè Corretto (ein Espresso mit Grappa) und der Doppio (ein doppelter Espresso). Geradezu in Mode ist die Latte Macchiato – „gefleckte Milch“ (aufgeschäumte warme Milch mit einem vorsichtig zugegebenen Espresso).

➔ In Spanien kennt man den „Cortado“ (Kaffee mit einem Schuss Milch oder Milchschaum), den „Café con hielo“, bei dem zum Kaffee ein Trinkglas mit Eiswürfeln serviert wird, über die man nach dem Zuckern den Kaffee gießt. „Carajillo“ ist der spanische Kaffee mit einem Schuss Likör, Brandy (Cognac) oder Rum.

➔ In Portugal trinkt man „Bica“ (was in etwa dem Espresso entspricht), den „Pingo“ (eine Bica mit ein wenig Milch) oder den Galão (Milchkaffee, aus einem Glas).

➔ In der Türkei (und in den Balkanländern) genießt man Türk Kahvesi (nach der vorhin erwähnten Zubereitung, allerdings meist zwei Mal aufgekocht, und beim ersten Aufkochen wird der Schaum auf die Tassen verteilt).

➔ In Griechenland kennt man neben dem zwei oder sogar drei Mal aufgekochten starken Kaffee noch den Café frappé (mit Eiswürfeln servierter, kalt aufgeschäumter Instantkaffee).

➔ In den USA liebt man „Iced coffee“ (heißer, starker und gesüßter Kaffee auf Eiswürfeln im Glas).

➔ In Südamerika genießt man neben dem „Café Americano“ (einem Espresso, der mit heißem Wasser oder Spirituosen verlängert wurde) gerne den „Café de olla“ (Kaffee, der mit Gewürzen wie Zimt zubereitet und dann kalt getrunken wird).

➔ Die „stärksten“ Kaffeetrinker sind die Skandinavier. Zubereitet wird der Kaffee meist mit der Pressstempelkanne. Die in Deutschland üblichen Kaffeevollautomaten sind hier kaum in Gebrauch.

# Kleines Begriffslexikon des Weins

A.C., Appellation Contrôlée: Bezeichnung für frz. Weine, deren Qualität und Herkunft amtlichen Vorschriften entsprechen müssen

A.O.C., Appellation d'Origine Contrôlée: geprüfte Ursprungsangabe für frz. Weine; bestimmte Voraussetzungen wie Anbaugebiet, Rebsorte, Begrenzung auf eine bestimmte Menge, Mindestalkoholgehalt u. Ä. müssen für die Bezeichnung A.O.C. erfüllt sein.

Apfelwein: vergoren mit Alkohol wird aus Apfelmost Apfelwein (5 Vol.%); Apfelwein ist eine Spezialität im Frankfurter Raum, die Franzosen kennen den Cidre.

Appellation Contrôlée: A.C

Auslese: Spitzenwein, der aus ausgesuchten, häufig edelfaulen Trauben gekeltert wird; die Lese dieser Trauben ist sehr mühsam und der Ertrag gering - daher erklärt sich der hohe Preis einer Auslese.

Barbera: eine der wichtigsten Rotweinrebsorten aus Italien; Barbera liefert sehr kräftige, rubin- bis dunkelrote Weine, die ein leichtes Veilchenaroma verströmen.

Barolo: sehr fülliger, samtiger, ital. D.O.C.-Rotwein aus dem Piemont. Er zählt zu den besten Weinen Italiens und enthält mindestens 13 Vol.% Alkohol. Als vierjähriger Wein erhält er das Prädikat „riserva", als fünfjähriger „riserva speciale".

Barrique: Weinfassgröße, in den französischen Weinbauregionen unterschiedlich – Bordeaux etwa fasst ein Barrique mit 225 Litern.

Beaujolais: meist durchschnittliche Rotweine aus dem Burgund; die bekanntesten Lagen sind Croix-Rouge, Fleurie, Morgon, Moulin-à-Vent.

Beerenauslese: Deutscher Qualitätswein aus überreifen oder edelfaulen Traubenbeeren. Diese werden einzeln mit der Schere aus der Traube geschnitten und ist daher teuer.

Bianco (ital.): Weißwein

Blanc de Blancs: frz. Weißweine und Champagner, die aus dem Saft roter Weintrauben (ohne Schale) gewonnen werden

Brut: Kennzeichnung trockener Weine

Cabernet: rote Spitzenrebensorte, die zu Qualitätsweinen verarbeitet wird; man kennt Cabernet Sauvignon, Cabernet franc oder Cabernet d'Anjou.

Cariñena: span. D.O.-Wein aus der Provinz Aragón; man kennt Rot-, Weiß- und Roséweine. Sie sind alle sehr alkoholhaltig und werden von trocken bis süß ausgebaut.

Chablis: frz. Weißwein aus dem Nord-Burgund

Chambertin: frz. Roter, Burgund

Chambrieren: Wein auf Zimmertemperatur bringen, dies sollte langsam über Stunden geschehen, vor allem bei alten Rotweinen. Die ideale Zimmertemperatur für Rotweine beträgt nur 16-18 Grad!

Champagner: frz. Schaumwein aus der Champagne, südlich von Reims; die Bezeichnung Champagner ist geschützt, Sorten und Menge sind vorgeschrieben. Champagner wird ausschließlich im Flaschengär- und Rüttelverfahren hergestellt.

Cosecha (span.): Ernte; diese Bezeichnung finden Sie auf dem Etikett von spanischen Jahrgangsweinen.

Coteaux Champenois: Bezeichnung für nicht moussierende, also „stille" Weine von A.C.-Qualität aus der Champagne

Côte d'Or: Weine aus dem Saônetal zwischen Dijon und Santenay; hier findet man z.B. den Chablis.

Côtes du Rhône: Weine aus dem frz. Anbaugebiet im Rhônetal zwischen Lyon und Avignon; gute Qualitätsweine aus dieser Region kann man durchaus länger einlagern. Die Rotweine schmecken sehr intensiv und zeigen eine tiefdunkle rote Farbe; Weißweine sind kräftig im Geschmack und haben eine sattgelbe Färbung.

Cru: Prädikatsbezeichnung für größere frz. Weine; je nach Güteklasse sind sie in den einzelnen Anbaugebieten von unterschiedlicher Qualität. Unter „Grand Cru" versteht der Weinkenner ein Hochgewächs.

Cuvée: Coupage unterschiedlicher Weine und Jahrgänge, um bei Schaumwein den stets gleichen Geschmack zu erzeugen

Dão: port. Wein aus dem Gebiet südlich des Douro; mindestens 12 Vol.% Alkohol

Dekantieren (frz.): Eine Flüssigkeit wird vorsichtig so abgegossen, dass der Bodensatz zurückbleibt.

Demi-doux (demi-sec): halbtrocken, bei Schaumwein etwa 33-50 g pro Liter Restsüße

Depot: Bodensatz, der sich beim Lagern von Weinflaschen bildet

Dessertwein, auch Süßwein, Südwein, Likörwein: Weine, die neben einem hohen Alkoholgehalt auch noch viel Restsüße enthalten; sie stammen meist aus südlichen Anbaugebieten.

D.O.: Abkürzung für „Denominacão de Origem"; Herkunftsbezeichnung für port. Weine (frz. A.O.C.; span. „Denominación de Origen")

D.O.C: Abkürzung für „Denominazione di Origine Controllata"; kontrollierte Ursprungsbezeichnung für ital. Weine

D.O.C.G: Abkürzung für „Denominazione di Origine Controllata e Garantita"; kontrollierte und garantierte Ursprungsbezeichnung für die besten ital. Weine

Dôle: schweiz. Rotwein aus dem Walliser Rhonetal; für ihn ist ein Mostgewicht vorgeschrieben – Weine, die dieses nicht erreichen, werden unter der Bezeichnung „Goron" verkauft.

D.O.S.: Abkürzung für „Denominzione di Origine Semplice"; Herkunftsbezeichnung ital. Land- und Tafelweine, die stets aus dem angegebenem Anbaugebiet stammen müssen

Duoro-Weine: port. Weine, die zu Portwein verarbeitet werden

Edelfäule: entsteht bei reifen Weintrauben im Herbst durch einen Schimmelpilz; dadurch wird die Beerenhaut zerstört, es verdunstet mehr Wasser und bringt mehr Süße in den Wein.

Fendant: schweiz. Weißwein aus dem Kanton Wallis

Frankenwein: Weine aus dem Anbaugebiet an günstigen Südhängen im Maintal zwischen Hassfurt und Aschaffenburg

Frascati: ital. heller D.O.C.-Wein aus Frascati und vier weiteren Gemeinden südlich von Rom; es gibt ihn als „secco" (trocken), „amabile" (lieblich), „dolce" (süß) und „cannelino", der aus Trauben mit Edelfäule hergestellt wird.

Fruchtdessertwein: Süßwein aus Fruchtsaft, der mindesten 13 Vol.% Alkohol enthält; in

Österreich dürfen diese Weine höchsten 22,5 Vol.% Alkohol enthalten.

**Gaillac:** A.C.-Wein aus der Stadt Gaillac im Südwesten Frankreichs; der Wein wird sehr jung getrunken.

**Gattinara (ital.):** trockener D.O.C.-Rotwein aus dem Piemont; er zählt zu den besten Weinen Italiens. Für den Gattinara ist eine Lagerzeit von mindestens 4 Jahren vorgeschrieben, davon 2 auf dem Fass. Er enthält mindestens 12 Vol.% Alkohol, wird aber nicht in großen Mengen produziert.

**Gewürztraminer:** in ganz Europa angebaute Weißweintraube; sie bringt zwar nur einen kleinen Ertrag, dafür jedoch Spitzenweine hervor.

**Gols:** österr. Weinanbaugebiet im Burgenland; aus Gols kommen vor allem fruchtige Weiß- und Rotweine mit Prädikat.

**Grand Cru:** Prädikat für vier Weinlagen in Frankreich, die überdurchschnittliche Qualität liefern: Beaujolais, Côte d'Or, Chablis und Saint-Émilion. Die Bezeichnung „Grand Cru Classé" dürfen nur die Spitzen-Châteaux von Médoc, Sauternes, Barsac, Graves und Saint-Émilion in Bordeaux im Namen tragen.

**Graves:** frz. bukettreiche A.C.-Weine aus Bordeaux, die trocken bis halbsüß angeboten werde; ein „Graves Supérieur" hat mindestens 12 Vol.% Alkohol. Auch die Rotweine dieser Region sind bekannt.

**Gumpoldskirchener:** Weißwein aus dem niederösterreichischen Weinanbaugebiet in Baden bei Wien

**Halbtrocken, frz. Demi-sec, engl. Medium dry, ital. Abbocato:** Bezeichnung für den Restzucker im Wein; halbtrockener Schaumwein enthält noch 33-50 Gramm pro Liter, Wein höchstens 18 g/l.

**Haut:** Bei frz. Weinen ist dies die Vorsilbe bei Namen für die höheren Lagen, aus denen die besten Weine stammen (z.B. Haut-Médoc).

**Herb:** säurebetonte Weine, die wenig Restsüße enthalten, manchmal auch reich an Gerbstoffen sind

**Hermitage:** Wein von der Côte du Rhone; der Rotwein kann lange gelagert werden. Die goldgelben Weißweine werden auch als Strohwein ausgebaut.

**Hochgewächs:** Sammelbegriff für Weine, die Beeren- oder Trockenbeerenauslesen sind

**Imprägnieren:** Getränken unter Druck Kohlensäure zusetzen, z.B. Limonaden oder Sprudelwasser; auch bei Perl- und Schaumwein darf Kohlensäure zugefügt werden - dies muss jedoch auf dem Etikett vermerkt sein.

**Jahrhundertwein:** Prädikat der Winzer, mit dem man den Wein eines besonders guten Jahrgangs bezeichnet

**Klarettwein:** alte Bezeichnung für Roséweine

**Lacrima Christi:** ital. Wein vom Vesuv in Kampanien; der trockene Weißwein ist sehr alkoholreich und aromatisch.

**Moscatel de Setúbal:** port. Dessertwein, der sehr süß schmeckt und aus dem Gebiet bei Lissabon stammt

**Prädikatswein:** höchste Stufe amtlich geprüfter deutscher Weine

**Qualitätsschaumwein:** Sekt

**Q.b.A.:** Qualitätswein, der aus einem der deutschen Anbaugebiete stammen muss

**Rancio:** Geschmacksnote für Dessertweine, die ihr typisches Aroma durch die Fasslagerung in der Sonne entwickeln

**Rosso (ital.):** Rotwein

**Saar:** Weinanbaugebiet, das zu, Gebiet Mosel-Saar-Ruwer zählt; hier wird viel Riesling angebaut. Die Sektsorten von der Saar zählen zu den besten deutschen Schaumweinen.

**Salvagnin:** fruchtiger Rotwein aus dem schweiz. Kanton Waadt; Salvagnin ist eine geschützte und kontrollierte Herkunftsbezeichnung.

**Silvesterwein:** Wein, der am 31. Dez. als Eiswein gelesen wird

**Spätlese:** Wein, der nach einem bestimmten Termin nach der allgemeinem Weinlese geerntet sein muss (mindestens 5 Jahre Lagerung)

**Spumante (ital.):** schäumend oder moussierend bei Wein; Weine, der nur sehr leicht perlen, nennt man „frizzante".

**Tafelwein/Tischwein:** leichter Wein mit mindestens 8,5 Vol.% Alkohol; normalerweise wird Tafelwein aus verschiedenen Rebsorten verschnitten.

Takara: japan. Pflaumenwein

Tarragona (span.): roter Dessertwein mit 14-17 Vol.% Alkohol, der aus der Region südlich von Barcelona stammt

Temperieren: Man bringt Wein und andere Getränke auf die gewünschte Temperatur. Bei Wein geschieht dies durch Dekantierung.

Tinto: span./port. Rotwein

Valpolicella: D.O.C.-Wein aus Venetien, südlich von Garda

V.C.C.: Abkürzung für Vin de consommation courante, Bezeichnung für frz. Tafelwein

V.D.Q.S.: Abkürzung für Vin délimité de Qualité Supérieure, Bezeichnung für frz. Weine aus einem begrenzten Anbaugebiet

Vecchia Riserva (ital.): Qualitätsbezeichnung für Weine mit langer Lagerung

Veltliner, Grüner: sehr alte, heute vor allem in Österreich und den Donauländern angebaute Weißweinrebe

Vernaccia: ital. Weißweinrebe, aus der hervorragende Dessertweine (z.B. der Vernaccia di Oristano aus Sardinien), aber auch gute trockene Weine produziert werden

Vin blanc (frz.).: Weißwein

Vin de garde (frz.): durch lange Lagerung gut ausgebauter Wein

Vin de l'année (frz.): Jungwein, der direkt nach der Gärung ausgeschenkt wird

Vinho verde (port.): leicht moussierender Wein aus Portugal, der in Bocksbeutelflaschen abgefüllt wird; man sollte ihn gut gekühlt trinken.

Vino Nobile: ital. D.O.C.G.-Wein

Volumenprozent: abgekürzt „Vol.%“, gibt den Alkoholgehalt eines Getränks an

V.Q.P.R.D.: Abkürzung für Vins de qualité produits dans des régions déterminées; Oberbegriff für Qualitätsweine mit bestimmter Herkunftsangabe

Wachau: Weinanbaugebiet in Niederösterreich; hier werden vor allem Weißweine wie der Grüne Veltliner angebaut.

Weißherbst: Roséwein

Xampán (span.): Schaumwein

# Außer Haus

Was Sie in den eigenen vier Wänden tun, ist Ihre Privatsache. Selbst wenn Sie auf Tischkultur und gutes Benehmen achten, können Sie es zu Hause legerer angehen lassen als beim Essen in der Öffentlichkeit. Offiziell geht es immer da zu, wo Sie auf andere, fremde Menschen treffen: im Restaurant, in der Kantine Ihrer Firma, bei einer Einladung zu einem großen Bankett – ja selbst dann, wenn Sie im kleineren Rahmen zu Gast bei anderen sind. In all diesen Situationen müssen Sie sich besonders gut „benehmen". Nicht nur, weil Sie eine „gute Kinderstube" vorweisen und damit ein positives Image vermitteln wollen. Sondern auch, weil schlechte Manieren, also ungehobeltes Auftreten und mangelnde Tischsitten Ihnen die Karriere verbauen und die Chancen bei anderen mindern. Wer sich nicht benehmen kann, ist bei seinem Gegenüber schnell „unten durch".

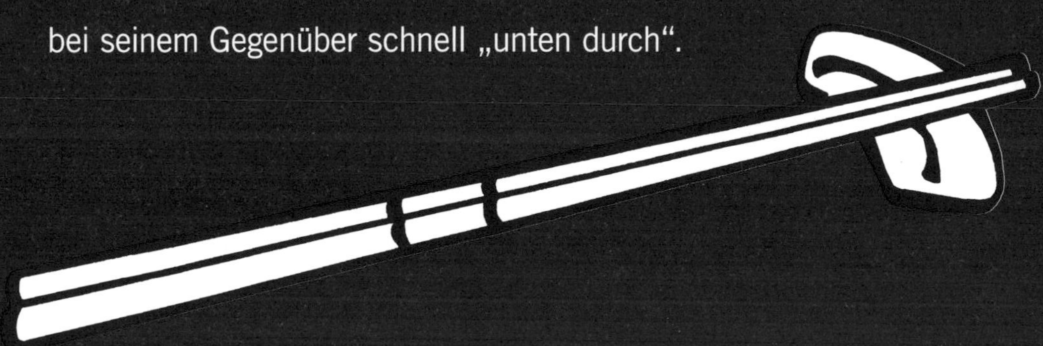

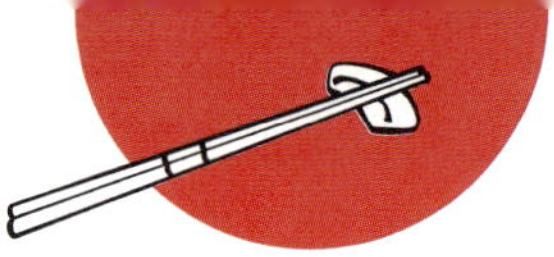

## Die offizielle Tischordnung

Noch im mittelalterlichen Europa saß man oft an Einzeltischen, bis sich im Laufe der Zeit mehr und mehr große Tische durchsetzten. Oft waren das gedeckte Platten, die auf Böcke gestellt und wieder abgetragen wurden. Erst damit wurde auch die Rangfolge bei Tisch wichtig: Die Tafel wurde in oben und unten eingeteilt. Das Salzfass übrigens – Salz war früher eine Kostbarkeit! – stand in der Mitte und markierte die Trennung.
Diese Tischsitten an adeligen Höfen sind auch heute noch die Basis für unsere Tischordnung. Denn bei einem offiziellen Essen – das kann auch das feierliche Bankett bei einem großen Familienfest sein – wird bei Tisch eine gewisse Rangordnung eingehalten. Der Platz, der Ihnen vom Gastgeber (oder durch das Protokoll) zugewiesen wird, zeigt, welche Stellung innerhalb der Rangordnung Sie einnehmen. Im privaten Kreis ist das nicht anders als bei einem Staatsbankett. Allerdings spielt es im Familien- und Freundeskreis wohl keine so große Rolle mehr, die Platzordnung ist bei solchen Anlässen meist lockerer. Achten Sie aber trotzdem darauf.

## Worauf Sie bei der Platzierung Ihrer Gäste achten

Als Gastgeber im privaten Rahmen gibt es – einmal abgesehen von der familieninternen Hierarchie – nur wenige Regeln für eine Tischordnung. Sie sollten darauf achten, dass (Ehe-)Paare und Gäste nicht direkt nebeneinander sitzen, die sich schon kennen. Dasselbe gilt für Geschwister, und dass Sie Singles und Paare „mischen“. Einzig Ausnahme: „Trennen“ Sie keine frisch verliebten Paare!

Anders sieht es bei feierlichen und offiziellen Einladungen aus. Selbst in den Zeiten der Gleichberechtigung gibt es z.B. die „Dame des Hauses“ – sie steht ebenbürtig an der Seite des (männlichen) Gastgebers. Immer wenn Sie Gastgeber für ein Festessen mit eher förmlichen Charakter sind, gilt die protokollarische Tischordnung. Sie ist zwar nicht mehr so standesbezogen wie zu Kaiserzeiten, zeigt aber dennoch den gesellschaftlichen Rang eines jeden einzelnen Gastes an:

→ Je näher ein Gast bei Ihnen, also dem Gastgeber platziert

ist, desto höher steht er in Ihrer Wertschätzung.

→ Bei uns in Deutschland sitzt der ranghöchste Gast stets an der linken Seite der Dame des Hauses. Er ist ihr Tischherr (dazu unten mehr). Entsprechend sitzt die ranghöchste Dame auf der rechten Seite des Gastgebers.

→ Danach geht es so weiter: Der „zweithöchste" Herr sitzt an der rechten Seite der Dame des Hauses, links neben dem Hausherrn sitzt die zweithöchste Dame. Ehefrauen (und Lebensgefährtinnen) haben stets denselben Rang wie ihre (Ehe-)Partner. Und die Reihenfolge der Sitzordnung geht nach dem Rang der Gäste weiter.
International sieht die offizielle Tischordnung vor, dass der ranghöchste Gast rechts von der Gastgeberin sitzt.

**Achten Sie bitte außerdem auf folgende Grundregeln:**

→ Alter geht vor Jugend

→ fremdländische vor inländischen Gästen

**Wichtig zu wissen ist außerdem:**

→ Kinder (dazu rechnet man auch Töchter und Söhne, die bereits erwachsen sind) sind in der klassischen Rangfolge nicht vorgesehen. Selbstverständlich sitzen sie mit am Tisch – allerdings als „Lückenfüller".

→ Verwandte haben stets einen niedrigeren Status als Fremde.

→ Eine Besonderheit sind geladene Künstler. Sie stehen außerhalb der Rangordnung – man kann sie also durch besondere Wertschätzung auszeichnen und entsprechend platzieren.

## Platzkarten und Placement

An einer großen Tafel wird man nicht umhin können, jedem Gast seinen Platz zuzuweisen. Tischkarten sind da eine optimale Lösung. Vor allem: Sie lassen sich auch bestens als dekoratives Element verwenden. Bei vielen großen Familienfeiern ist es außerdem üblich, dass man seine Platzkarte als Erinnerungsstück, etwa an ein Hochzeitsfest, mit nach Hause nimmt.

Bei sehr großen Festivitäten reichen Tischkarten oft nicht aus – es würde zu Gedränge und Konfusion führen, wenn jeder

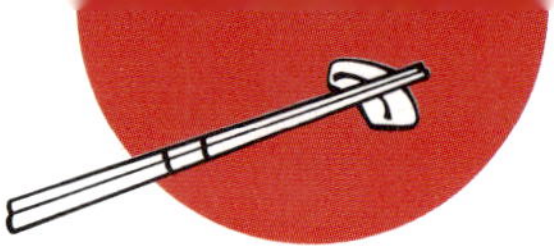

Gast erst einmal von Tisch zu Tisch wandern müsste, um seinen Platz zu suchen. In diesem Fall gibt es den Sitzplan, auch Placement genannt: Am Eingang zum Festsaal (oder Restaurant) steht eine Tafel, auf der eine Skizze aller Tische zu finden ist. Da im Normalfall bei einer solch großen Veranstaltung auch Servicepersonal anwesend ist, wird dieses die Gäste entsprechend einweisen. Es kann sogar von Vorteil sein – und wenn ein Empfang lange genug geplant ist, sollte das kein Problem darstellen! –, dass Ihre Gäste nach ihrer Zusage schriftlich mitgeteilt bekommen, wie sie sitzen werden. Das erspart ebenfalls langes Suchen.

Bitte beachten Sie als Gast: Weder bei der Tischkarte und noch weniger beim Placement gehört es sich, dass Sie einfach den Platz tauschen. Ihr Gastgeber hat sich bestimmt lange überlegt, wen er wo platziert. Es ist eine grobe Unhöflichkeit, dies mit Missachtung zu strafen. Am Ende des Essens, wenn die Tafel aufgehoben ist, dürfen Sie allerdings mit anderen locker zusammenstehen oder -sitzen. Bei offiziellen Feiern liegt zusätzlich zur Tischkarte oftmals auch eine Menükarte, aus der Sie als Gast ersehen können, was zum Essen serviert wird.

## So vermeiden Sie als Gastgeber allzu strikte Hierarchien

Ein guter Gastgeber möchte, dass seine Gäste sich rundherum wohl fühlen – und zwar die, die das Ganze etwas leger sehen ebenso wie jene, die auf Rang und Namen achten. Es gibt zwei Möglichkeiten, wie Sie die penibel an Randordnungen ausgerichtete Sitzordnung umgehen können. Beide sind gesellschaftlich durchaus akzeptabel und sogar bei großen Staatsbanketts nicht unüblich. Auch bei Firmenveranstaltungen machen Sie damit durchaus Furore. Vor allem, wenn Sie eine sehr „gemischte“ Gästeliste haben – und somit möglichst viele Aspekte berücksichtigen müssen, gleichzeitig aber niemanden vor den Kopf stoßen möchten.

Ein Großteil der Welt sitzt zum Essen auf dem Boden, auch heute noch. Unser Esstisch stammt aus der Antike: Bei Ägyptern, Römern und Griechen hatte man einst Tabletts mit Füßen; daraus wurden im Laufe der Zeit kleine Einzeltische – und erst daraus entstand unser heutiger, gemeinsamer Esstisch.

→ Lassen Sie bei Ihrer Veranstaltung keine rechteckigen, langen Tafeln eindecken, sondern wählen Sie runde Tische. Bis zu zwölf Personen können Sie da gut unterbringen. Damit schlagen Sie sozusagen zwei Fliegen mit einer Klappe: Sie gewinnen – wenn Sie es diplomatisch geschickt anfangen – zusätzliche Plätze für Ehrengäste. Für jeden runden Tisch bitten Sie eine Person, als „Co-Gastgeber“ zu fungieren. Wenn der- oder diejenige Ihnen (oder Ihrem Unternehmen, wenn es sich im eine Firmenveranstaltung handelt) zudem nahe steht, wird er dieses Amt gerne übernehmen; die übrigen Gäste am Tisch werden durch die Anwesenheit Ihres „Vertrauten“ besonders geehrt.

→ Wenn Sie bei einer großen Veranstaltung Ihre Gäste mit einem Sitzplan unterbringen, vermeiden Sie es, die Tische einfach nur durchzunummerieren. Menschen sind leider so: Wer an Tisch Nummer Eins sitzt, fühlt sich geehrt, der Gast an Tisch Nummer 25 dagegen eher benachteiligt. Der Trick, das zu umgehen, ist ebenso simpel wie erfolgreich: Geben Sie den Tischen beim Placement keine Nummern, sondern andere Bezeichnungen. Wenn Sie eine Veranstaltung für ein Unternehmen ausrichten, bieten sich Städte oder Länder an, in denen Sie Niederlassungen unterhalten. Oder die Bezeichnungen bestimmter erfolgreicher Modelle aus der Firmengeschichte. Oder Sie wählen neutrale Kennzeichnungen aus Kunst und Kultur, aus Natur, Sport oder Geschichte. Ihrer Fantasie sind da keine Grenzen gesetzt – es sollte lediglich zur Veranstaltung passen.

## Tischdame und Tischherr: Was das heute noch bedeutet

Der bekannte Gesellschaftskolumnist Michael Graeter hat auf die Frage, wer denn nun die Tischdame sei, nämlich die links oder rechts vom Herrn, geantwortet, dass es die zu seiner Rechten sei. Wenn sie schön sei, kümmere er sich um sie, wenn sie häßlich sei, tue er seine Pflicht: Er stände auf, wenn sie an den Tisch komme, er hebe ihre Serviette auf, wenn sie runterfalle, er schaue nach dem Kellner. Er sei auch ihre Schnittstelle zur Dame zu seiner Linken und sorge dafür, dass seine Tischdame alle Gespräche mitbekomme. Er müsse sie stets bei Laune halten. Außerdem solle man sich über zwei Dinge als

Ein geschickter Gastgeber achtet stets darauf, dass alle am Tisch gute Gesprächspartner haben. Wenn Sie also Gäste aus dem Ausland haben, sollten Sie dafür sorgen, dass diese als Tischherr oder -dame jemanden neben sich haben, der die Sprache des Gastes beherrscht.

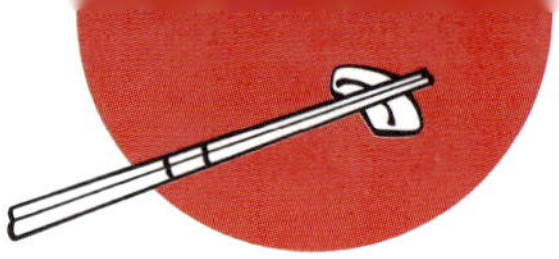

guter Tischherr vorher informieren, erstens wer der Ehemann der Tischdame sei – sonst ziehe man über ihn her und wundere sich, dass sie einen Flunsch ziehe. Zweitens wäre es auch wichtig, den Weg zur Damentoilette zu kennen, damit man ihn der Dame zeigen könne.

(Quelle: „Die Zeit", 2000)

Damit ist beinahe schon alles Wichtige gesagt. In einer größeren, offiziellen Veranstaltung mit Bankett hat jede Dame ihren Tischherrn. Und wie Michael Graeter richtig beschreibt: Seine Aufgabe ist es, sich um „seine" Dame zu kümmern. Er reicht Speisen weiter, sorgt für ausreichend Getränke (und die richtigen Getränke, etwa wenn sie keinen Alkohol trinkt, sondern ausschließlich Wasser möchte). Hauptaufgabe allerdings ist das Tischgespräch – und damit sind wir bei einem weiteren wichtigen Thema ...

## Gespräche und Reden bei Tisch

Es kommt darauf an, wo Sie sich befinden und zu welchem Anlass Sie sich mit anderen getroffen haben – danach richten sich zunächst einmal die Themen, über die man sich gemeinsam unterhält und die auch Gegenstand einer Tischrede sind. Bei einer Hochzeits- oder Geburtstagsfeier sind sicher eher fröhliche Gespräche an der Tagesordnung, bei einem Leichenschmaus wird man sich eher bedeckt verhalten und nicht laut lachend Witze erzählen. Wobei auch das Essen bei einer Trauerfeier nicht todernst verlaufen muss: Dient es doch auch dazu, sich bei Speis' und Trank an den Verstorbenen zu erinnern, und das dürfen ja durchaus fröhliche Erinnerungen sein ...

## Das Tischgespräch

Die hohe Kunst des Smalltalks ist beim Tischgespräch ganz besonders gefragt. Denn es ist weder der Stimmung noch dem Genuss des Essens förderlich, wenn Sie über schwerwiegende Themen reden oder gar in hitzige Diskussionen geraten. Politik, Religion sowie Krankheiten sind also tabu. Gute Themen sind – so banal das klingen mag – das Wetter, die Stadt, die Umgebung, das Essen und die Getränke, Kunst und Kultur, Natur, Urlaub, Sport – eben alles, worüber sich

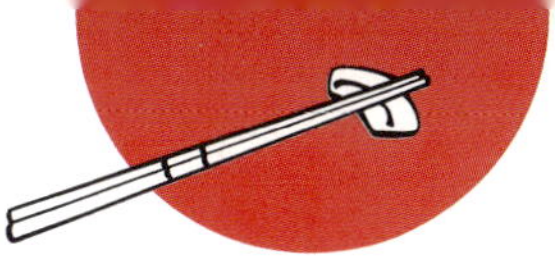

unverfänglich plaudern lässt. Das wird sicherlich von Tischrunde zu Tischrunde unterschiedlich sein. Bitte achten Sie auch auf Folgendes: Tischgespräche sollten wie das Essen selbst sein – schmackhaft, bekömmlich und in übertragenem Sinne leicht verdaulich.

## Tischgespräche sind keine kostenlosen Konsultationen

Sie haben einen ganz reizenden Tischnachbarn und im Verlauf Ihrer Unterhaltung stellt sich heraus: Er ist Anwalt. Oder Arzt. Und damit – so glauben Sie – haben Sie endlich einmal die Chance aus berufenem Munde zu erfahren, wie sich so manches Ihrer rechtlichen oder gesundheitlichen Probleme lösen lässt? Bitte nicht! Ihr Tischherr (das kann selbstverständlich auch eine Tischdame sein) hat nämlich gewiss nicht vor, sich von Ihnen in die Pflicht nehmen zu lassen und Ihnen mit kostenlosem Rat zur Seite zu stehen. Es ist eine grobe Unhöflichkeit anzunehmen, jeder Arzt oder Anwalt sei sozusagen stets im Dienst – und dann auch noch kostenlos. Dazu kommt: Ihre privaten Angelegenheiten sind ganz gewiss nicht das passende Thema für ein Tischgespräch. Wenn es denn unbedingt sein muss und sich gesprächsweise wirklich am Rande ergibt: Fragen Sie nach der Visitenkarte und vereinbaren Sie dann einen Termin im Büro. Umgekehrt gilt: Werden Sie von einem Tischnachbarn um fachlichen Rat gefragt, weil dieser herausgefunden hat, dass Sie einen entsprechenden Beruf haben – verweisen Sie höflich, aber deutlich auf Ihre Sprech- oder Bürozeiten.

## Der passende Zeitpunkt für die Tischrede

Sie wollen sicherlich, dass Ihre Rede all die Aufmerksamkeit bekommt, die ihr gebührt. Dann kommt es – wie stets im Leben – auf den richtigen Zeitpunkt an. Ihre Gäste werden sicherlich nicht gerne zuhören, wenn sie mit knurrendem Magen vor den noch leeren Tellern sitzen. Und sie werden nicht mehr gerne zuhören, wenn sie zufrieden und satt ein köstliches Mahl verspeist haben. Deshalb:

→ Es gibt nur eine einzige Rede, nämlich Ihre? Dann ist der Zeit-

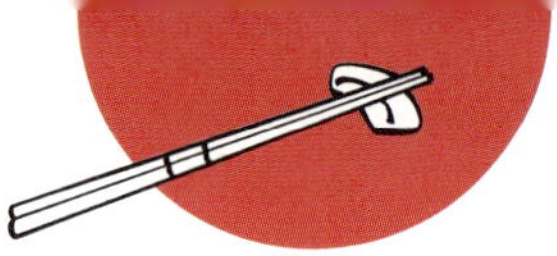

punkt nach dem Hauptgang am besten.

➔ Es wird mehrere Ansprachen geben? Dann sollte die erste nach der Vorspeise oder spätestens nach dem ersten Hauptgang stattfinden.

Der Tischherr steht auf, wenn „seine“ Dame sich erhebt. In einer großen Runde jedoch reicht es aus, wenn Sie das nur andeuten.

Gerade bei großen Festen, auch im privaten Kreis (z.B. bei einer Hochzeit) wird es mehrere Redner geben. Bitte sprechen Sie dies nicht nur untereinander ab, sondern auch mit dem Servicepersonal. Dann wird man das entsprechend sowohl mit der Küche wie auch dem Servierpersonal koordinieren. Mehrere Reden lassen sich so gut über die ganze Menüfolge verteilen. Tischreden folgen auch inhaltlichen Regeln. Informieren Sie sich im Buchhandel oder Internet darüber!

Das „Klingeln am Glas“, um Aufmerksamkeit für die Rede zu bekommen, ist im privaten Rahmen erlaubt. Sie verzichten allerdings darauf, wenn Sie im Anschluss an eine andere Rede sprechen – die Aufmerksamkeit der Gäste ist dann noch vorhanden.

Wenn Sie kein festliches Essen am Tisch servieren lassen, sondern es bei Ihrer Veranstaltung ein Buffet gibt, können Sie nicht damit rechnen, dass alle Gäste zum selben Zeitpunkt am Tisch sitzen und Ihrer Rede lauschen. Sie bekommen allerdings die nötige Aufmerksamkeit, wenn Sie Ihre Ansprache mit der Eröffnung des Buffets verknüpfen. Halten Sie Ihre Tischrede dann aber eher kurz und knapp als lang und ausschweifend: Schließlich haben Ihre Gäste Appetit und sollten nicht mit knurrendem Magen lauschen ...

## Das warme und kalte Buffet

Noch vor wenigen Jahrzehnten wäre es „unmöglich“ gewesen, statt eines mehrgängigen Menüs ein warmes und kaltes Buffet vorzusetzen. Bei einem offiziellen Staatsbankett wird dies immer noch so sein – aber bei allen anderen Anlässen ist es durchaus „erlaubt“, seine Gäste zur „Selbstbedienung“ anzuhalten. Die einzige Voraussetzung: Das Buffet muss die gleichen Speisen anbieten, die auch zu einem mehrgängigen Menü gehören. Modern und durchaus erlaubt ist es, eine Mischung von Buffet und servierten Speisen anzubieten. Dabei werden z.B. Salate und Suppen am Buffet angeboten, das Hauptgericht wird

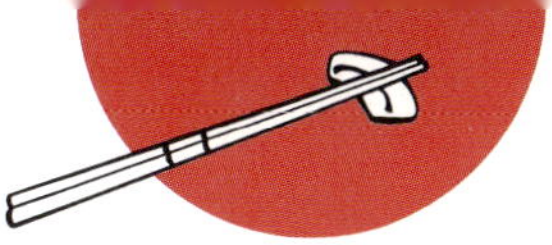

Ihren Gästen am Tisch vorgelegt, Desserts und Käse wiederum holt man sich selbst.
Wenn Sie zu Hause ein Buffet mit warmen Speisen anbieten, benötigen Sie Warmhalteplatten. Halb leer gegessene Platten sollten Sie zwischendurch immer neu zusammenstellen, um diese ansehnlich erscheinen zu lassen.

## Was zum Buffet gehört

Wenn Sie ein Buffet anbieten, ist eines klar: Ihre Gäste müssen sich selbst bedienen. Wobei warme Speisen oft von einem Koch vorgelegt werden; in jedem Fall aber muss sich der Gast sein Essen selbst holen. Darauf sollten Sie achten:

➔ Das Buffet besteht aus mindestens drei „Abteilungen“: Vorspeisen, Hauptgerichte, Desserts. Dann entspricht es einem Drei-Gang-Menü. Mit dem Angebot von Suppen gleicht es dem Vier-Gang-Menü, wenn Sie zusätzlich verschiedene warme Speisen (also sowohl Fisch wie Fleisch und auch vegetarische Gerichte) und außerdem Käse anbieten, haben Sie quasi fünf oder sechs Gänge.

➔ Alle Gerichte müssen leicht zugänglich und gut erreichbar sein.

➔ In der Mitte des Buffets steht der kulinarische Höhepunkt. Es kommt auf Ihren Geschmack als Gastgeber an, was Sie wählen – und sicher werden Sie auch die Vorlieben Ihrer Gäste berücksichtigen.

➔ Da sich Ihre Gäste normalerweise von rechts nach links „vorarbeiten“, stehen auf der rechten Seite des Buffets Teller, Besteck und Servietten. Wobei es durchaus sein kann, dass Besteck und Servietten jeweils am Tisch eingedeckt sind und man am Buffet lediglich Teller vorfindet.

➔ Links daneben werden dann die Gerichte arrangiert: als Erstes Vorspeisen, Dips und Salate, dann Fisch und Fleisch, danach Desserts, Gebäck und Käse.

➔ Gläser und Getränke stellt man nach Möglichkeit auf einen Extratisch, so lässt es sich ungehindert für Nachschub sorgen und man kann in Ruhe die Flaschen öffnen.
Kontrollieren Sie die Gläser, bevor Sie sie für Ihre Gäste bereitstellen: Niemand trinkt gerne aus Gläsern, die mit Kalkflecken aus der Spülmaschine kommen!

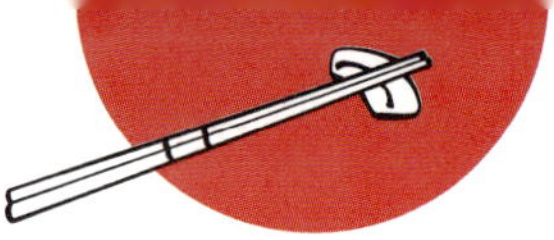

## Keine „Schlacht um die besten Happen“

Ob am Frühstücksbuffet im Hotel, beim Edel-Buffet im noblen Restaurant am Urlaubsort oder beim rustikalen Buffet auf der Gartenparty – stets gelten dieselben Regeln: Halten Sie sich zurück und stürzen Sie sich nicht gierig ins Getümmel!

➔ Beim Frühstücksbuffet versorgen Sie sich bitte nicht für den ganzen Tag. Diese Unsitte sieht mal oft in Ferienhotels. Manche Urlauber meinen anscheinend, dass man sich durchaus Butterbrote für den Ausflug vorbereiten und mitnehmen kann. Dem ist nicht so!

➔ Eine weitere Unsitte, der Sie nicht nachgehen sollten: Häufen Sie sich den Teller nicht mit allen Köstlichkeiten voll, die das Buffet bietet. Wie bei einem „richtigen“ Essen gehen Sie mehrmals und nehmen sich auch jeweils einen eigenen Teller für Vorspeisen, Hauptgericht und Dessert. Sie „dürfen“ sich selbstverständlich auch einen Nachschlag holen – das ist allemal besser, als auf einen Teller kunstvolle Gebilde mit allen Speisen auf einmal aufzuschichten. Davon einmal abgesehen, dass dies sicher gieriger wirkt als mehrmals zum Buffet zu gehen – es sieht auch nicht besonders appetitlich aus, wenn Salat, Bratensauce, Fisch und Nachtisch sich einen Teller teilen. Vom Geschmack ganz zu schweigen.

➔ In guten Restaurants müssen Sie sich nicht darum kümmern, dass Ihr Teller unaufgeräumt bleibt, wenn Sie zum Buffet gehen. Das Servicepersonal wird den Teller abräumen und auch dafür sorgen, dass neues Besteck bereitliegt. Sollte das einmal nicht der Fall sein: Gehen Sie diskret auf den Ober oder die Kellnerin zu und bitten Sie um neues Besteck bzw. darum, dass Ihr Teller abserviert wird.

## Die Kunst des Servierens

Im privaten Rahmen ist es sicher so, dass – auch bei einer formellen Einladung – sich jeder selbst bedient. Früher war das – beim „englischen Service“ – immer üblich. Die sämtlichen Speisen eines Ganges befinden sich zugleich auf der Tafel, der erste bereits bei Beginn des Essens. Die Speisen wurden nicht durch Diener gereicht und vor-

gelegt, sondern von allen Gästen bei demjenigen erbeten, vor dessen Platz die gewünschte Speise aufgestellt war. So hat es Ernst C. von Malortie beschrieben, der im 19. Jahrhundert Hofmarschall in Hannover war.

Im Restaurant oder bei einem großen Bankett ist das heute jedoch anders: Die einzelnen Gänge eines Menüs werden nacheinander serviert. Dabei gibt es Regeln – für Sie als Gast, aber auch fürs Servicepersonal. Als Gastgeber ist es Ihre Pflicht, Ihre „helfenden Hände" zu informieren: Wer ist der Ehrengast und wo sitzt er? Denn ihm – bzw. der ranghöchsten Dame – muss zuerst vorgelegt werden. Danach geht es im Uhrzeigersinn weiter. Was muss man noch beachten?

➔ Die Dame des Hauses eröffnet die Tafel, indem sie mit dem Essen beginnt – und das wiederum ist erst dann der Fall, wenn alle Gäste mit Speisen versorgt sind.

➔ Pflicht des Gastgebers ist es, als Erster sein Glas zu erheben und eventuell einen Toast auszubringen. Dazu greifen Sie zum Glas und schauen lächelnd mit einem leichten Kopfnicken in die Runde. Nach dem ersten gemeinsamen Schluck und vor dem Absetzen des Glases wird dieser Blickkontakt mit allen in der Runde wiederholt.

➔ Die Grundregel fürs Servieren: Speisen werden von links angeboten, Getränke stets von rechts! Benutzte Teller werden stets von rechts abgeräumt.

➔ Beim Hauptgang nimmt sich der Gast teilweise selbst von den angebotenen Platten. Dabei wird das Vorlegebesteck so gelegt, dass es dem Gast zugewandt ist.

➔ Tellergerichte (also wenn der Gast die fertig angerichteten Speisen auf seinem Teller bekommt) liegen oft unter einer silbernen Servierhaube (im französischen „Cloche" genannt).

➔ Vorspeisen und Suppen werden dem Gast nur einmal serviert.

➔ Der Hauptgang wird in einer bestimmten Reihenfolge angeboten: zuerst Fleisch und Saucen, danach Gemüse, Beilagen und Salat. Alles wird zwei Mal gereicht, d.h. als Gast dürfen Sie nachfassen.

➔ Sind alle Gäste mit dem Essen des Hauptgangs fertig, werden zunächst die leeren Gläser, dann die Menage (also Salz und Pfeffer) sowie überzählige Besteckteile abgeräumt – vergessen Sie

Beim Buffet im Restaurant lassen Sie sich am besten vom Küchenchef beraten. Er wird auch dafür sorgen, dass alle Speisen besonders dekorativ und attraktiv angeboten werden.

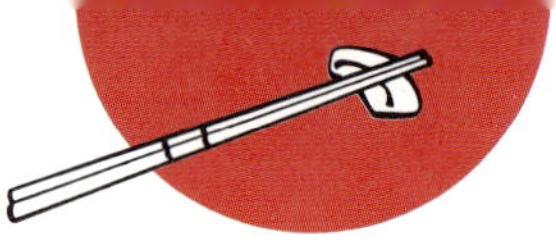

nicht: stets von der rechten Seite des Gastes.

➔ Ist der Tisch abgeräumt und gesäubert (also auch Brotkrumen mit einem Tischbesen entfernt), wird das Dessert serviert, danach Kaffee und Digestif – und, falls gewünscht, Zigarren. Das Essen ist beendet, wenn die Dame des Hauses ihre Serviette links neben den Teller legt und sich erhebt. Das Aufheben der Tafel ist der Moment, in dem Sie sich auch anderen Gästen zuwenden sollten – so entstehen neue Gesprächsrunden.

## Im Restaurant

Viele Restaurants haben mittlerweile eine Bar, in der man gemeinsam bei einem Aperitif wartet, bis alle Gäste eingetroffen sind. Danach geht man gemeinsam an den Tisch. Gleichgültig, ob Sie Gastgeber oder Gast sind – im Restaurant können Sie zeigen, dass Sie eine „gute Kinderstube" haben. Leider sieht man auch gerade da, wer mit dem Schnellzug durchgefahren ist ... Was Sie ebenfalls wissen sollten, ist, wer welche Funktion im Restaurant hat. Diese gibt es:

➔ Der Restaurantleiter (Maître d'hôtel, Chef de service, Headwaiter) ist für Speisen und Getränke im Restaurant zuständig, er ist dem Geschäftsführer oder in größeren Betrieben dem F&B-(Food & Beverage-)Manager unterstellt. Er ist für die gesamte Servicebrigade zuständig, begrüßt und platziert die Gäste. Falls Reklamationen anliegen, wenden Sie sich an ihn.

➔ Der Chef de rang (Stationsleiter) ist für eine Station (also eine bestimmte Anzahl von Tischen im Restaurant) und die dafür eingeteilten Servicekräfte zuständig. Er betreut „seine" Gäste, berät sie bei der Auswahl der Speisen und sorgt für den reibungslosen Ablauf. Wenn Sie entsprechende Gerichte bestellen, wird der Chef de rang flambieren, tranchieren und filetieren.

➔ Der Demi Chef ist Stellvertreter des Chef de rang. Er ist ihm unterstellt und übernimmt in seiner Abwesenheit seine Aufgaben.

➔ Der Commis de rang (Stationskellner/Gehilfe) steht in der Hierarchie unter dem Chef de rang, aber über Auszubildenden und Aushilfen. Er ist für das „Mise en Place" (für den Gast nicht sichtbare Bereitstellung von z.B. Besteck, Gläsern, Karaffen etc.) und für das Herantragen von Speisen zuständig, außerdem

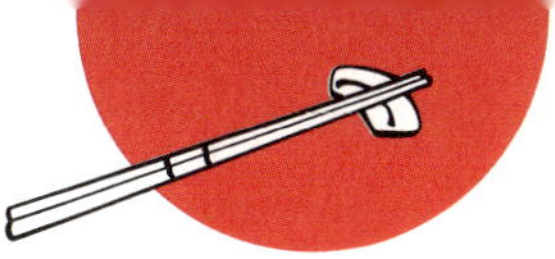

ruft er die Speisen in der Küche ab. Er räumt das Geschirr ab und steht dem Chef de rang beim Flambieren, Tranchieren und Filetieren zur Seite.
Achtung: Der Rand der Servierplatten wird niemals mit den Fingern angefasst – weder vom Gast noch vom Servierpersonal!

→ Der Sommelier (Weinkellner) steht etwas außerhalb dieser Reihe. Mittlerweile ist Sommelier ein Ausbildungsberuf, in vielen Lokalen wird aber ein sachkundiger Kellner dafür „abgestellt". Früher erkannte man Sommeliers an der silbernen kleinen Kostschale (dem Tastevin), die sie wie ein Amulett an einer Kette tragen (aber selten benutzen). Der Sommelier berät den Gast in Sachen Wein – Sie sollten keine Scheu haben, ihn um Rat zu fragen, auch wenn Sie selbst Weinkenner sind. Denn er kennt die Weine des Restaurantkellers am besten.
Im Restaurant wird das Servicepersonal den Wein jeweils am Tisch einschenken. Getränke werden das erste Mal bereits vor dem Servieren des Essens eingeschenkt.

**Übrigens:** Man spricht den Kellner und erst recht den Mâitre d'hôtel nicht mit „Herr Ober" an. Und weibliches Servierpersonal nennt man nicht „Fräulein".
Seien Sie modern und kommunikativ: In vielen Restaurants haben die Angestellten mittlerweile Namensschildchen – reden Sie Restaurantfachkräfte also mit ihrem Namen an. In den USA ist es schon lange üblich, dass sich der für den Tisch zuständige Kellner mit dem Namen vorstellt. Dann sollten Sie ihn ebenfalls mit seinem Namen ansprechen. Ist das nicht möglich, gibt es zwei Möglichkeiten: entweder fragen Sie nach oder aber machen durch ein dezentes Handzeichen (nicht durch heftiges Winken) auf sich aufmerksam. Auch Blickkontakt sollte in einem guten Hause genügen.
Achten Sie auch auf Folgendes: In Restaurants wechseln Küchen- und Servicepersonal oft. Was gestern noch Spitzenklasse war, kann kurze Zeit später schon inakzeptabel geworden sein. Halten Sie sich auf dem Laufenden, bevor Sie Gäste einladen.

## Gastgeber oder Gast – das sollten Sie beachten

Es gibt nur einen gravierenden Unterschied: Als Gastgeber haben Sie die Pflicht, sich

Wenn Sie zu Hause eine größere Anzahl von Gästen bewirten, brauchen Sie Hilfe. Für je sechs bis acht Personen rechnet man eine Servierhilfe.

besonders um das Wohl des- oder derjenigen zu kümmern, den/die Sie eingeladen haben. Wichtig ist dabei schon die Auswahl des Restaurants. Es gibt ein beinahe unüberschaubares Angebot unterschiedlichster Küchen, und natürlich werden Sie nicht nur Ihren eigenen Geschmack, sondern auch den Ihrer Gäste berücksichtigen.
Wichtig ist, dass Sie sich vergewissern (ob durch eigenes Ausprobieren oder durch Empfehlung vertrauenswürdiger Mitmenschen), dass sowohl Speisen und Ambiente sowie der Service dem entsprechen, was Sie sich vorstellen.

Im Normalfall werden Sie einen Tisch bestellen, wenn Sie Gäste in ein Restaurant einladen. Optimal ist es, wenn Sie das Lokal kennen. Denn dann wissen Sie sicher genau, welchen Tisch Sie bevorzugen, welcher für diese spezielle Gelegenheit besonders geeignet ist.
Haben Sie jedoch noch nie dort gespeist und sind zum ersten Mal da, lassen Sie sich den Tisch vom Oberkellner zeigen – und zwar bevor Sie Ihre Gäste dorthin geleiten. Das heißt: Als Gastgeber sind Sie ein paar Minuten vor dem vereinbarten Termin da. Kommen Sie jedoch gemeinsam mit Ihren Gästen an, müssen Sie sich schnell mit dem Oberkellner abstimmen – vor allem, wenn Sie mit einem Tisch nicht zufrieden sind.

In vielen Ländern ist es üblich – und dies setzt sich auch bei uns in Deutschland immer mehr durch –, dass man auch bei einer Tischreservierung wartet, bis der Oberkellner Sie zusammen mit Ihren Gästen an den vorgesehenen Tisch führt.
In den USA nennt man diese Sitte „Wait to be seated“ – und es erleichtert nicht nur dem Personal, sondern auch Ihnen als Gast im Restaurant das Platz nehmen am Tisch: Niemand wandert suchend durchs Lokal, die anderen Gäste müssen sich nicht bemüßigt fühlen, schneller zu essen, weil da vielleicht schon jemand auf einen Tisch wartet. Seien Sie also immer so höflich und fragen sie beim Kellner nach – selbst wenn Sie genau wissen, welcher Tisch für Sie reserviert wurde.

Als Gast haben Sie vor allem die Pflicht zur Pünktlichkeit. Selbst wenn Sie wissen, dass man sich zuerst auf einen Aperitif trifft: Er gehört zu einem gelungenen Mahl dazu – und Sie sollten Ihren Gastgeber nicht dadurch beleidigen, indem Sie darauf verzichten.

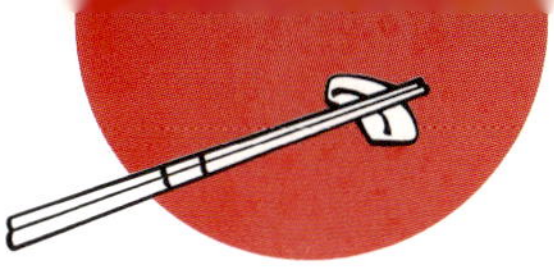

## Spezialbehandlung für die Dame?

Es war früher selbstverständlich, dass ein Herr zuerst das Restaurant betrat, sich umsah (um eventuell unliebsame „dunkle Gestalten“ zu erkennen), dann der Dame die Tür aufhielt und sie – wiederum hinter sich – zum Tisch führte. Das scheint uns heute etwas umständlich. Zum einen, weil man in einem guten Restaurant wohl kaum zwielichtige Gesellen zu erwarten hat, vor denen eine Dame geschützt werden müsste. Zum anderen, weil das ständige Vor- und Hintereinandergehen im Wechsel umständlich ist. Und zum Dritten, weil heute auch eine Dame Gastgeberin im Restaurant sein kann und dementsprechende Pflichten hat. Auch eine andere Gepflogenheit der früheren Benimmschule hat sich geändert: Der Herr darf es durchaus dem Kellner überlassen, der Dame den Mantel abzunehmen. Früher wäre das undenkbar gewesen: Es war die Pflicht und Schuldigkeit des Herren, der Dame beim Betreten des Lokals aus dem bzw. später wieder in den Mantel zu helfen. Immer noch gilt allerdings die Regel: „Ladies first!“ Man hilft also erst der Dame, bevor man sich selbst hilft.

Der Lippenstift hat bei Tisch nur dann etwas zu suchen, wenn Sie sich die Lippen schnell und diskret nachziehen wollen (und können) – also ohne lange nach dem Spiegel zu suchen oder nach dem Stift in der Handtasche zu kramen.

## Die Bestellung von Speisen und Getränken

Im Restaurant muss es nicht unbedingt – im Gegensatz zu einem festlichen Essen in den eigenen vier Wänden oder einem großen Bankett – eine festgelegte und vom Gastgeber vorbestellte Speisenfolge geben. Dann wird Ihnen – wenn alle Gäste Platz genommen haben – der Kellner nun die Menükarte reichen.

→ Als Gastgeber schreiben Sie Ihren Gästen bitte nicht vor, was sie zu bestellen haben. Und Sie zucken auch nicht zusammen, wenn jemand das teuerste Gericht auf der Karte bestellt. Sie können allerdings eine Empfehlung aussprechen: Der höfliche Gast weiß dann, in welchem Rahmen seine Bestellung sich bewegen sollte. Fragen Sie niemals: „Möchte jemand noch

Selbstverständlich müssen Sie einen Tisch nicht nehmen, wenn er in der Nähe des Küicheneingangs oder vor den Toiletten steht. Oder wenn es deutlich sichtbar der „Katzentisch“ ist, an dem niemand sitzen will. Verlangen Sie dann in höflichen Worten einen anderen Platz.

etwas (z.B. ein Dessert)?“ Viel freundlicher klingt es, wenn Sie sagen: „Welches Dessert möchten Sie?“ Dasselbe gilt natürlich für Getränke.

→ Als Gast richten Sie sich danach, was Ihr Gastgeber ordert. Sie nutzen die Gelegenheit, dass ein anderer zahlt, bitte nicht dazu, sich teuerste Delikatessen und besten Champagner auffahren zu lassen. Falls der Gastgeber – vielleicht weil er in dem Restaurant Stammgast ist – Ihnen ein Gericht empfiehlt oder vorschlägt, richten Sie sich danach. Sie müssen selbstverständlich nichts essen, was Sie absolut nicht mögen. Aber Sie sollten sich dann wenigstens etwas in der entsprechenden Preisklasse aussuchen.

Solange Sie die Speisekarte geöffnet vor sich haben, bedeutet dies, dass Sie noch nicht gewählt haben. Wenn Sie mit dem Aussuchen der Speisen fertig sind, klappen Sie die Karte zu.

## Was ist eigentlich ...?

Auf so mancher Speisekarte tauchen Fachbegriffe aus der französischen Sprache auf – Sie wissen ja: In der Küche spricht man traditionell französisch. Hier erhalten Sie eine kleine Auflistung, was Sie wissen sollten, wenn Sie eine Speisekarte lesen:

→ à la carte: Auswahl nach Speisekarte

→ à la minute: auf Abruf, auf die Minute zubereitet

→ à part (frz. beiseite): wenn ein Menü nicht gleich jeweils auf Tellern angerichtet, sondern gesondert serviert wird: Sauce wird also in der Sauciere gereicht, Beilagen in einer Schüssel, Fleisch auf einer Platte.

→ Allumettes (frz. Steichholz): dünne, kleine Blätterteigstangen als Vorspeise

→ anglais: englisch; zart rosa gebraten

→ à point (frz. zu rechter Zeit, gerade richtig): auf den Punkt genau, also optimal gegart

→ au four: aus dem (Back-)Ofen

→ au gratin: überbacken

→ baiser: Schaumgebäck (Zucker-Eiweißmasse)

→ beignet: Krapfen, pikant oder süß

→ beignets de pomme: Apfelringe im Ausbackteig

→ beignets d`aubergines: Auberginenscheiben im Ausbackteig

→ bien cuit (frz. = gut gegart): Garstufe beim Fleischbraten: Das Fleisch hat keinen rosafarbenen Kern mehr, es ist durchgebraten.

→ bouchée: Mundbissen, kleine Pastete mit diversen Füllungen

→ bleu (frz. blau): Garstufe beim Fleischbraten; das Fleisch zeigt eine braune, dünne Kruste, ist innen aber noch fast roh.

→ carcasse: Knochengerüst von Geflügel und Fisch

→ cassolette: feuerfestes Töpfchen, Pfännchen

→ cassoulet: Gericht aus weißen Bohnenkernen in Tomatensauce mit Gans oder Ente

→ chateaubriand: doppelte Rinder-Lendenschnitte

→ confiserie: Konfekt

→ confit: eingelegt, eingemacht, meist im Steinguttopf mit Schmalz (Gans, Ente)

→ consommé: klare Kraftbrühe

→ consommé double: doppelte Kraftbrühe

→ coquille Saint-Jacques: Jakobsmuschel

→ coquille: Schale von Muscheln und Eiern (für Vorspeisen)

→ corail: Rogen von Krusten- und Schaltieren

→ cornichon: Essig- oder Gewürzgurke

→ couvert: Gedeck

→ couverture: Schokoladenmasse für Überzug

→ croustade: Krustade, gefülltes Törtchen

→ crème: Creme, Sahne, Rahm, Rahmsuppe, Rahmsauce, Süßspeise

→ crêpe: dünner Pfannkuchen

→ croûtons: geröstete Weißbrotwürfel

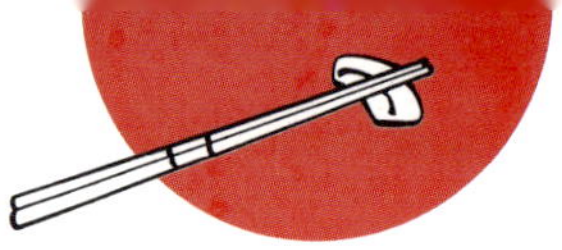

→ demi: halb

→ demi-sec: halbtrocken

→ doux: mild, süß, weich

→ entrecôte: Zwischenrippenstück

→ farce: Füllmasse

→ fines herbes: feine Kräuter

→ foie gras: Gänseleber(-pastete)

→ fond: Grundbrühe für Suppen, Saucen usw.

→ fruits de mer: Meeresfrüchte (Meeres-, Krusten- und Schalentiere)

→ granité: zerstoßenes Wassereis

→ gratin: überbackenes, gratiniertes Gericht

→ hors d'œuvre: Vorspeise (kalt oder warm)

→ île flottante: Schnee-Eier

→ jardinière: klein gewürfeltes, gesondert gekochtes und gemischt angerichtetes Gemüse

→ julienne: in Streifen geschnittenes Gemüse wie Lauch, Sellerie oder Karotten

→ jus: Saft, Fruchtsaft, reduzierter Fond, Fleischsaft, Bratensauce

→ magret: Brustfilet (meistens Ente)

→ medaillon: Scheibe aus dem Filet

→ mignon: Scheibe aus der Spitze vom Kalbs- oder Rinderfilet

→ mousse: Schaum, luftige lockere Masse

→ pctit four: Feingebäck, evtl. Konfekt

→ poularde: Masthuhn, Poularde

→ profiterole: Kleine Krapfen aus Brandteigmasse

→ quiche: pikanter Kuchen (z.B. Lothringer Speckkuchen)

→ réchaud: Wärmeplatte, Wärmeschrank, Tischkochgerät

→ sec: trocken

→ sorbet: gefrorenes (Frucht-) Getränk (meist als Nachspeise serviert)

→ soufflé: feingewürzte, süße oder pikante Masse, die mit steif geschlagenem Eiweiß angerei-

chert wird; Soufflés müssen sofort serviert werden und dürfen keinen Luftzug bekommen, sonst fallen sie zusammen.

➔ tartare: Tatar, feingehacktes Rindfleisch, geformt und gewürzt

➔ terrine: Farce mit Einlage im Wasserbad pochiert (auch: das entsprechende Gefäß aus Steingut)

➔ tournedo: Scheibe aus dem Rinderfilet (Lende), meistens gebunden, gegrillt

➔ vichyssoise: kalte Lauch-Kartoffelsuppe

➔ vinaigrette: Salatsauce (Essig-/Öl-Dressing)

## Die Weinbestellung

Früher wäre es undenkbar gewesen, dass eine Dame in Herrenbegleitung den Wein aussucht, bestellt – und auch noch verkostet. Diese Zeiten sind zum Glück vorbei, und Restaurantfachkräfte werden heute geschult, nachzufragen, wem sie den Probierschluck einschenken dürfen. Selbst wenn diese Frage ausbleiben sollte – selbstverständlich „dürfen" auch Frauen den Wein verkosten.

➔ Der Probierschluck sollte Sie nicht dazu verleiten, „aus Jux und Tollerei" Ihre Entscheidung für einen Wein umzuwerfen. Das wird nämlich nur in den seltensten Fällen akzeptiert! Der kleine Schluck, den Sie probieren, bevor allen anderen am Tisch eingeschenkt wird, dient lediglich zur Prüfung der Temperatur und ob der Wein im Geschmack in Ordnung ist.

➔ Haben Sie das Gefühl, der Wein sei korkig oder gar „umgekippt", so bitten Sie den Kellner, ebenfalls zu probieren. In vielen Fällen ist das gar nicht erst nötig: Korkgeschmack im Wein kann man nämlich oft auch riechen. Sie werden dann sofort eine andere Flasche angeboten bekommen. Wenn nicht – dann sind Sie im falschen Lokal. Fragen Sie dann nach dem Oberkellner oder sogar Geschäftsführer und tragen Sie ihm die Beschwerde ganz höflich vor. Dann wird er sich diesem Problem sicher rasch annehmen.

→ Ist der Wein nur von der Temperatur her zu kalt bzw. zu warm, bekommen Sie keine neue Flasche, sondern Ihr bestellter Wein wird bei Zimmertemperatur erwärmt bzw. nochmals etwas gekühlt.

Selbst Gourmets und Experten kennen nicht jeden einzelnen Wein. Es ist keine Schande, sondern eher ein Zeichen von Souveränität, wenn Sie sich in Sachen Wein im Restaurant beraten lassen.

## Nach dem Essen ...

... sitzt man noch gemütlich beisammen, bei Kaffee und einem Digestif, vielleicht noch einem letzten Glas Wein. Leider sieht man oft, dass so mancher Gast dem Servierpersonal zur Hand gehen möchte. Bitte nicht: Sie stören damit das eingespielte Team – zumindest wenn Sie sich in einem Restaurant der gehobenen Klasse befinden. Die Tische sind dort im Normalfall so angeordnet, dass der Platz eines jeden Gastes für das Personal gut zu erreichen ist.

Etwas anderes ist es sicher in Ihrem Stammlokal: Dort sind vielleicht nicht so viele Kellner, dort ist man froh, wenn Sie als Gast, bei engen Tischen, Ihren Teller beim Abräumen zureichen. Ganz und gar „unmöglich" ist es aber auch dort, dass Sie à la Hausfrau und Mutter das Geschirr schon mal freundlicherweise stapeln und an einer Ecke des Tisches zusammen schieben. Ebenfalls tabu ist übrigens das Wegschieben des Tellers zur Tischmitte, wenn Sie fertig gegessen haben. Das ist nicht nur im Restaurant ein ungehobeltes Benehmen, sondern auch, wenn Sie bei einem privaten Fest zum Essen eingeladen sind.

## Die Rechung

Die Zeiten haben sich gewandelt: Eine Dame, die zahlt? Undenkbar! Sicher können Sie sich noch an alte deutsche Filme erinnern, in denen der Herr bei Bezahlung im Restaurant unterm Tisch von seiner weiblichen Begleitung Geld zugesteckt bekam. Weil es eben seine Pflicht war, die Rechnung zu begleichen – nichts wäre peinlicher gewesen, als sich von einer Frau öffentlich aushalten zu lassen ...

Heute ist das glücklicherweise anders: Frauen sind berufstätig, haben ihr eigenes Geld, ihr eigenes Konto und ihre eigene Kreditkarte. Oft auch eine Firmenkarte und ein Spesenkonto.
Haben Sie z.B. Ihre Geschäftspartner zum Arbeitsessen geladen, ist es selbstverständlich, dass Sie auch die Rechnung übernehmen. Es ist auch kein

ärgerlicher Fehler des Kellners, wenn er ganz offen fragt, wem er die Rechnung bringen darf.

Ein vorausschauender Gastgeber übrigens klärt das bereits im Vorfeld ab: Sagen Sie dem Oberkellner Bescheid, dass Sie die Rechnung übernehmen und vor allem: Zahlen Sie nicht unbedingt am Tisch. Vielen Leuten ist es nämlich unangenehm – selbst bei einer offiziellen Einladung, wenn also von Anfang an klar ist, wer die Rechnung zahlt, wenn sie beim Begleichen „zuschauen“ müssen.

**Übrigens:** Vergessen Sie das Trinkgeld nicht! In einem feinen Lokal sollten es etwa zehn Prozent des Rechnungsbetrags sein. Weniger wäre schofel – wenn Sie etwa bei einer Rechnung von 198 Euro nur auf 200 Euro aufrunden.

In Ihrem Stammrestaurant dürfen Sie auch mal weniger als zehn Prozent geben. Auch wenn Sie mit Kredit- oder Scheckkarte bezahlen, sollten Sie das Trinkgeld bar überreichen. Üblicherweise kommt es sofort in den „Tronc“ – das heißt, alle Trinkgelder des Abends werden gesammelt und dann unter dem Servicepersonal aufgeteilt. So kommt keiner der Angestellten zu kurz.

## Und wenn es nicht geschmeckt hat?

Es muss nicht immer der Fehler der Küche oder des Restaurants sein, wenn Ihnen ein Gericht nicht schmeckt. Klar: Wenn Sie Anlass für eine Beschwerde haben, dann reklamieren Sie bitte auch. Sie müssen weder versalzenes noch angebranntes Essen hinnehmen, Sie müssen auch nicht akzeptieren, dass das Steak, das Sie „blutig“ geordert haben, durchgebraten auf Ihrem Teller liegt. Aber tragen Sie auch alle berechtigten Beanstandungen bitte so vor, dass weder die Gäste am Ihrem Tisch noch an den Nebentischen sich belästigt fühlen. Es kommt also darauf an, wie Sie Ihre Beschwerde formulieren und wie Sie sie vortragen:

→ Reklamieren Sie rechtzeitig – also sofort dann, wenn Sie bemerken, dass etwas nicht stimmt. Es bringt wenig, sich über das durchgebratene Steak zu beschweren, wenn Sie es ganz verzehrt haben. Oder den korkigen Wein auszutrinken und im Nachhinein zu meckern.

→ Trumpfen Sie nicht auf à la „denen werde ich’s mal zeigen“. Das macht Sie weder sympa-

> Bei offenem Wein, Sekt oder Champagner ist der Probeschluck nicht üblich oder angebracht.

thisch noch wirkt es kompetent. Fehler können jedem passieren – dem Koch, dem Kellner und auch Ihnen. Vielleicht haben Sie sich bei der Bestellung nicht deutlich ausgedrückt? Oder haben sich in der Speisekarte „verlesen" – also eine Beilage erwartet, die gar nicht in der Karte stand?

Selbstverständlich ist es Ihr gutes Recht, die Rechnung zu prüfen, bevor Sie zahlen. Tun Sie das bitte aber nicht in Gegenwart Ihrer Gäste – und legen Sie auch nicht penibel abgezählte Scheine und Münzen auf den Tisch. Sondern zahlen Sie „per Karte" und vergessen Sie auch das Trinkgeld nicht!

→ Kleiden Sie Ihre Reklamation am besten in Frageform. Vielleicht so: „Ich habe ... bestellt. Ist es denn eine Spezialität Ihres Hauses, dass dies so ... serviert wird?"

→ Seien Sie diskret und dezent. All Ihr Zorn und Ihr Wüten verpufft sonst, weil er wahrscheinlich sowieso den Falschen trifft: Wenn beim Essen auf Ihrem Teller etwas nicht stimmt, ist es meist nicht die Schuld des Kellners. Sondern die der Küche. Dass da in aller Hektik mal was daneben geht, müssen Sie zwar nicht hinnehmen. Es ist aber auch kein Grund für einen Aufstand mit lautstarken Streitereien bei Tisch. Wenn etwas nicht nach Ihrem persönlichen Geschmack war, müssen Sie auf die Frage des Kellners „Hat's geschmeckt?" nicht lügen. Sagen Sie ihm dies einfach in freundlichen Worten, dass Sie dieses Gericht anders zubereitet lieber mögen ...

→ Bleiben Sie ruhig, auch wenn Ihnen der Magen knurrt und Sie sauer sind. Bringen Sie Ihre Beschwerde in angemessenem Ton vor und in klaren Worten. Bleiben Sie höflich!

→ Geben Sie dem Restaurant die Chance auf „Nachbesserung". Natürlich ist es ärgerlich, wenn Sie Ihr Essen nicht gemeinsam mit Ihren Gästen, sondern eine Viertelstunde später bekommen. Aber Sie können sicher sein: Wenn Sie eine berechtigte Beschwerde haben, wird man sich in jedem guten Lokal bemühen, den Fehler auszubügeln. Mit einem neuen, besseren Gericht, mit einem kleinen Extra: ein Glas Wein, ein Digestif, möglicherweise auch ein Nachlass auf den Preis. Aber dieses Entgegenkommen sollten Sie niemals in harschem Ton einfordern.

## Andere Länder andere Sitten

Es hängt von unseren kulturellen und oft auch religiös-philosophischen Traditionen ab, was „gutes Benehmen bei Tisch" eigentlich ist. Im fernen Osten, in China, gilt es beispielsweise seit mehr als 2500 Jahren als

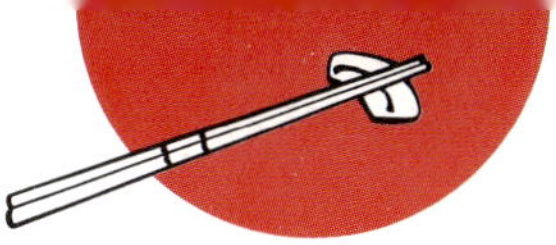

höchste Tugend, Maß zu halten und bei Speisen und Getränken eher Bescheidenheit zu zeigen. Das ist der Grund dafür, dass man bis heute dort mit offenem Munde kaut – eine Sitte, die bei uns im Westen als absolut flegelhaft gilt. Im chinesischen Nachbarland Mongolei galt dagegen opulentes Speisen als die einzig richtige Art. Hier wurde der Ehrengast wie international üblich an der rechten Seite des Gastgebers platziert – in China dagegen war der beste Platz, der natürlich dem höchsten Gast vorbehalten ist, seit alters her stets in Richtung Osten.

Sie sehen schon: Tischmanieren sind überall anders, und je weiter wir von zu Hause weg sind, um so fremder erscheinen sie uns – manchmal aber ist selbst ein naher Nachbar uns in manchen Dingen fremd. Denken Sie nur einmal an Österreich und die Schweiz: Obwohl uns da sogar die Sprache verbindet (zumindest mit den deutschsprachigen Eidgenossen), gibt es allein bei der Bezeichnung der Speisen so manchen Unterschied. Was bei uns Bohnen sind, nennt man in Österreich Fisolen, unsere Schlagsahne ist dort „Obers", die Schweineschulter heißt in der Schweiz Schüfeli und die Walnuss Baumnuss. Im Internet finden Sie eine ganze Auflistung all jener Begriffe – und da sind sogar schon innerhalb Deutschlands in manchen fast fremdsprachlich anmutende Unterschiede zu erkennen. (http://de.wikipedia.org/wiki/Regionale_Küchenbegriffe)

## Was Sie im Ausland beachten sollten

Selbst wenn Sie sich in punkto Benimm in Deutschland sattelfest fühlen: Sowie Sie ins Ausland fahren – und auch das kann wieder unser nächster Nachbar sein –, steht das eine oder andere Fettnäpfchen parat. Zwar gibt es einen europäisch-internationalen Standard, und wenn Sie den kennen, werden Sie in der westlichen Welt auch nicht unbedingt anecken. Sie müssen sich auch nicht den Tischsitten der Briten oder Amerikaner anpassen, um dort zu „bestehen". Aber Sie sollten wissen, dass es dort eben in Details anders zugeht als bei uns – und dass dies dann nichts mit „Unerzogenheit" oder schlechten Manieren zu tun hat. Je weiter wir nach Osten reisen, in arabische oder asiatische Länder, desto fremder werden uns die Sitten. Was bei uns absolut verpönt ist – etwa das Rülpsen bei Tisch, das Rauchen beim Essen –, gilt in China z.B. als höflich bzw. ist dort der normale Umgang bei Tisch. Im Folgenden finden Sie eine kleine Zusammenstellung der Unterschiede, die Sie kennen sollten.

Noch ein Tipp: Wenn Sie sich im Urlaub mal „daneben" benehmen und nicht genau wissen, was man wie macht, ist dies zwar unter Umständen peinlich, hat jedoch meist keine schlimmen Folgen. Anders sieht es jedoch aus, wenn Sie geschäftlich im Ausland unterwegs sind und gerade bei Tisch kein Fettnäpfchen auslassen. Sie müssen sich nicht anpassen um jeden Preis – aber Sie sollten sich ausreichend informieren, um Ihre Geschäftspartner nicht durch unangenehmes Benehmen so vor den Kopf zu stoßen, dass es gar nicht erst zum Aufbau – oder schlimmer: zum Abbruch – von Firmenbeziehungen kommt.

Messer und Gabel sind nur bei einem kleinen Teil der Weltbevölkerung üblich. Viel mehr Menschen essen z.B. mit Stäbchen. Und wenn Sie in ein Land fahren, in dem das üblich ist, sollten Sie es vorher lernen. So schwer ist das nämlich gar nicht – und Sie haben in den zahlreichen chinesischen Lokalen, die es bei uns überall gibt, reichlich Gelegenheit zum Üben.

Mit Stäbchen ist man in China, Japan, Korea und Vietnam. Nicht in Thailand übrigens – selbst wenn viele Touristen das fälschlicherweise annehmen.

## Wie man mit Stäbchen isst

→ Klemmen Sie das erste Stäbchen in die Beuge zwischen Daumen und Zeigefinger, so dass Sie mit dem Ring- und Mittelfinger das untere Drittel des Stäbchens halten. Dieses Stäbchen wird beim Essen dann auch nicht weiter bewegt.

→ Das zweite Stäbchen halten Sie mit Daumen- und Zeigefingerspitze darüber. So bleibt es beweglich.

→ Wie mit einer Zange können Sie mundgerechte Portionen zwischen die beiden Stäbchenspitzen klemmen und zum Mund führen.

→ Wichtig: Fassen Sie beide Stäbchen so an, dass sie gleich lang sind. Sonst rutscht Ihnen jeder Happen weg.

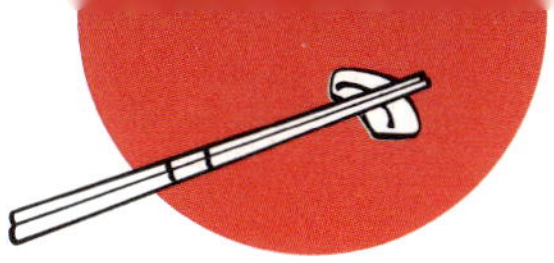

→ Beim Reisessen halten Sie die Stäbchen parallel eng nebeneinander. Sie benutzen sie als Schippe und heben den Reis damit hoch.

Es gibt ein paar Regeln, die Sie außerdem beachten müssen, wenn Sie keinen groben Fauxpas begehen wollen:

→ Zeigen Sie nie mit den Stäbchen auf Personen oder Dinge.

→ Stecken Sie die Stäbchen nie senkrecht in eine Reisschüssel, das ist Bestandteil einer buddhistischen Begräbniszeremonie.

→ Spießen Sie nichts mit den Stäbchen auf.

→ Bewegen Sie keine Schälchen oder andere Gegenstände auf dem Tisch mit den Stäbchen.

→ Nehmen Sie keine Geschirrteile auf, wenn Sie noch die Stäbchen in dieser Hand halten.

→ Wenn Sie die Stäbchen nicht benutzen, legen Sie sie auf den dafür vorgesehenen Halter. Ist der nicht vorhanden, legt man sie mit der schmalen Seite nach links auf dem Rand des Tellers oder Tabletts ab.

→ Einwegstäbchen werden nach dem Essen wieder in die Papierhülle zurückgesteckt.

## Europa

→ Frankreich: Hier besteht ein Essen aus mindestens drei Gängen – auch ein Geschäftsessen. Tischsitten werden lässiger, aber gekonnter als bei uns gehandhabt. Das Baguette wird gebrochen und auf den Tisch gelegt, sofern kein Extrateller vorhanden ist. Krümel stören nicht. Saucen dürfen damit aufgetunkt werden. Man bleibt nicht wie bei uns noch am Tisch sitzen, sondern trennt sich nach Kaffee oder Digestif sofort.

→ Griechenland gilt zwar als sehr gastfreundlich, wundern Sie sich aber nicht, wenn es zum Frühstück nur Kaffee gibt (und sonst nichts!). Man isst hier dafür meist zweimal warm. Die Essenszeiten sind sehr spät und es gehört sich unbedingt, nach einer Einladung eine Gegeneinladung auszusprechen.

→ In Großbritannien legt man sehr viel Wert auf Etikette. Die Tischsitten ähneln unseren – mit kleinen Unterschieden bei der Handhabung des Bestecks: Der Löffel wird nicht mit der Spitze zum Mund

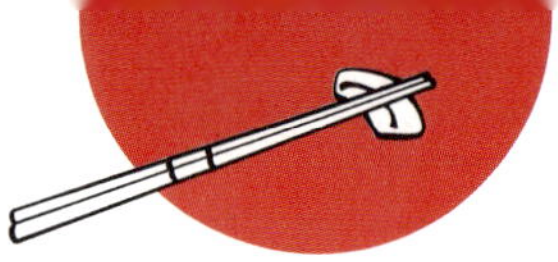

geführt, sondern seitlich. Bei der Gabel benutzt man stets den Gabelrücken – das kann manchmal ein Balanceakt werden. Gläser werden – ganz im Gegensatz zu unseren „Regeln“ am Kelch angefasst. Am Stiel, so meint der Brite, werden sie nur von „einfachen Leuten“ gehalten. Das machen hier übrigens auch die Winzer und Weinkenner so. Achtung: „Chips“ sind keine Kartoffelchips, sondern Pommes frites.

➔ Holland – oder besser die Niederlande – ist das einzige Land, in dem es wie bei uns absolut üblich ist, getrennt zu bezahlen. Die Amerikaner nennen dies daher auch „let's go Dutch“.

➔ In Polen müssen Sie damit rechnen, dass die Hauptmahlzeit nachmittags, gegen 15 Uhr verzehrt wird – und dann handelt es sich meist um ein ausgiebiges Menü mit mindestens drei Gängen. Man legt die Serviette nach dem Essen nicht links, sondern rechts neben dem Teller ab.

➔ In Russland isst man sehr reichhaltig – und es gilt als unhöflich, auch nur einen der zahlreichen Gänge auszulassen. Man sollte immer eine Kleinigkeit auf dem Teller lassen, sonst laufen Sie Gefahr, dass ständig nachgelegt wird. Wundern Sie sich nicht, wenn die russische Gastgeberin zu Beginn des Mahls etwas verschüttet – sie will damit ihren Gästen die Angst vorm Kleckern nehmen. Trinksprüche sind hier eine kulturelle Tradition – man muss sie stets erwidern. Nippen Sie aber besser nur am Glas – Wodka in diesen Mengen sind wir einfach nicht gewohnt! Auch wenn Sie Gastgeberin im Restaurant sind, lassen Sie einen Mitarbeiter zahlen – das hebt Ihr Ansehen.

➔ In Spanien hat das gemeinsame Essen eine wichtige gesellschaftliche Bedeutung. Stören Sie es nicht durch geschäftliche Termine! Beachten Sie unbedingt die späten Essenszeiten: Abendessen um 22 Uhr ist der Normalfall!

➔ In der modernen Türkei gelten ähnliche Tischsitten wie bei uns – mit ein paar kleinen Ausnahmen: Ist Ihre Suppe zu heiß, blasen Sie nicht zum Kühlen darauf – das gilt als unfein. Schweinefleisch und Alkohol sind für Muslime verboten. Gläubige halten zudem den Fastenmonat Ramadan ein.

Bei uns unmöglich, in Asien erlaubt und sogar erwünscht: Schmatzen, Rülpsen, ja sogar Ohrensäubern bei Tisch. Tabu ist jedoch lautes Naseputzen.

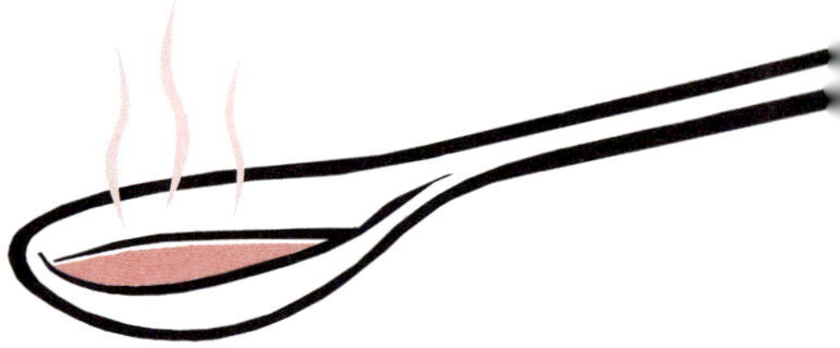

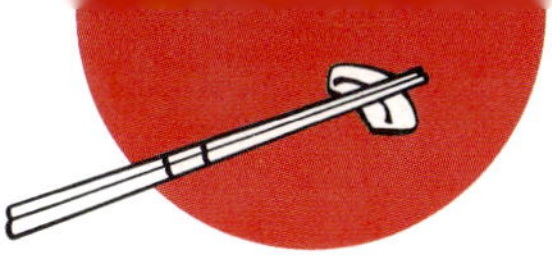

## Arabische Länder

Hier wird noch viel mit der Hand gegessen. Deshalb wäscht man sich vor und nach dem Essen die Hände. Bitte beachten Sie: Man isst stets und ausschließlich mit der rechten Hand, die linke gilt als unrein! Wer satt ist, lässt einen kleinen Rest auf dem Teller liegen. Wenn Kaffee serviert ist, ist dies das Zeichen fürs Ende des Essens und für den baldigen Aufbruch.

## Asien

➔ In China bekommen Sie stets dann die wichtigsten Speisen gereicht, wenn Sie Ehrengast sind. Der Gastgeber wird es sich nicht nehmen lassen, Ihnen persönlich vorzulegen – und entsprechend unhöflich wäre es, das Essen stehen zu lassen. Dabei kann es Ihnen durchaus passieren, dass Sie ein Gericht vorgesetzt bekommen, bei dem Sie nun so gar nicht wissen, worum es sich handelt. Dennoch – ablehnen wäre unhöflich. Probieren Sie es wenigstens! Getränke schenkt man sich stets gegenseitig nach. Lassen Sie bei einer Esseneinladung immer einen kleinen Rest am Teller. Sonst glaubt man, Sie seien noch nicht satt und wollten einen Nachschlag. Wer bei Tisch raucht (und das ist nicht ungewöhnlich!), muss allen anderen Gästen ebenfalls eine Zigarette anbieten.

➔ In Japan werden Sie wohl meist in ein Restaurant eingeladen, und dort bestellt der Gastgeber für alle. Meist wird auf dem Boden kniend gespeist. Vor dem Essen reicht man Ihnen ein feucht-heißen Lappen. Bitte benutzen Sie den lediglich für die Hände, nicht für Gesicht und Nacken.

➔ In Thailand isst man normalerweise nicht mit Stäbchen, sondern mit Löffel und Gabel. Die Gabel in der linken dienst als „Schiebewerkzeug" für den Löffel in der rechten Hand. Lediglich Nudeln und die kleinen Thai-Frühlingsrollen isst man mit Stäbchen.

## Australien

Hier spielt sich viel des gesellschaftlichen Lebens in Clubs ab – in Restaurants geht man weniger. Die Tischmanieren sind weit lockerer als bei uns. Man legt die linke Hand in den Schoß, wenn man lediglich mit Gabel oder Löffel isst.

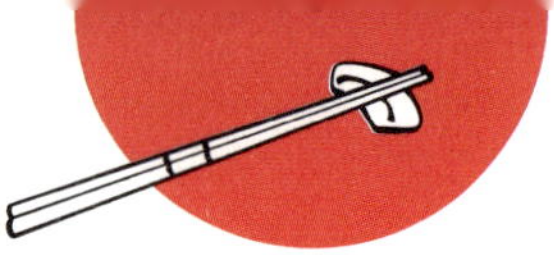

## USA

Hier sind Restaurantbesuche an der Tagesordnung. Pünktlichkeit ist gerade beim Essen sehr wichtig – all das Leger-Lockere der Amerikaner ist da verschwunden. Im Lokal haben Frauen grundsätzlich Vortritt. Das „Wait to be seated“ ist hier der absolute Normalfall – bitte versuchen Sie auf keinen Fall, selbst und ohne Unterstützung des Kellners an einen Tisch zu gehen. Lange Schlangen vor guten Restaurants sind durchaus üblich. Das Servicepersonal stellt sich oft mit Namen vor – und erwartet dann auch, so angesprochen zu werden. Sie selbst stellen sich selbstverständlich nicht vor! Was für uns Europäer sehr ungewöhnlich aussieht, ist der Umgang mit dem Besteck: Ist das Essen nämlich serviert, schneidet man das Fleisch in kleine Stücke (auch das leckerste Steak), legt das Messer dann beiseite und isst mit der Gabel in der rechten Hand weiter. Die linke Hand ruht dabei im Schoß. Die Serviette bleibt auf Ihrem Stuhl liegen, wenn Sie nur kurz aufstehen. Nach dem Kaffee bleibt man nicht mehr sitzen, sondern verlangt nach der Rechnung. „Let's go Dutch“ bedeutet, dass jeder für sich bezahlt. Achtung: Die Rechnung kommt trotzdem gesammelt an den Tisch – einer streckt die Summe samt Steuer und Trinkgeld vor und teilt sie dann durch die Anzahl der „Mitesser“. Es wird also nicht nach dem tatsächlichen Verzehr bezahlt.

## Wie steht es mit Trinkgeld im Ausland?

Da es in den einzelnen Ländern unterschiedlich gehandhabt wird, hier nur ein allgemeiner Hinweis: Es ist meist üblich, etwa zehn bis 15 Prozent des Rechnungsbetrags zu geben. In den USA kommt „der Service“ übrigens immer noch zum Endbetrag der Speisen und Getränke hinzu – das steht auch auf den Speisekarten aufgedruckt. In China wird im Restaurant üblicherweise kein Trinkgeld gegeben. Am besten informieren Sie sich bei der Reiseleitung oder im Reiseführer über die Gepflogenheiten in Ihrem Urlaubsland.

Ich denke, nun sind Sie wirklich gut gerüstet, um bei jedem Essen – egal ob als Gast oder Gastgeber – einen guten Eindruck zu hinterlassen. Lassen Sie es sich schmecken!